L'ANIMAL,
SON BIEN-ÊTRE
ET LA LOI AU QUÉBEC

W&L
FILIALE DE GROUPE QUEBECOR INC

Wilson & Lafleur ltée
40, rue Notre-Dame Est
Montréal H2Y 1B9
(514) 875-6326

Données de catalogage avant publication (Canada)

Vedette principale au titre
    L'Animal, son bien-être et la loi au Québec

ISBN 2-89127-173-4
    1. Animaux domestiques – Droit – Québec (Province) – Législation. 2. Animaux domestiques – Droit – Canada – Législation. 3. Faune – Protection – Droit – Québec (Province) – Législation. 5. Faune – Protection – Droit – Canada – Législation. I. Société québécoise pour la défense des animaux.

KE452.A5A3 1990   346.71404'6954   090-096674-2

NOTE : les textes législatifs ainsi que l'index ont été préparés par le Centre de documentation juridique du Québec.

Dépôt légal
4ᵉ trimestre 1990

Bibliothèque nationale du Québec
Bibliothèque nationale du Canada
ISBN 2-89127-173-4

AVANT-PROPOS

Avec la publication, en 1982, d'une première édition de ce recueil de lois, la Société québécoise pour la défense des animaux répondait aux demandes souvent formulées autant par les professionnels qui s'intéressent à la question animale que par le grand public. Son président fondateur, Me Roger Beullac, fut le maître d'œuvre de la recherche patiente que nécessitait une telle initiative.

Depuis lors, les lois et règlements relatifs à la question animale se sont multipliés aux différents paliers gouvernementaux. Il était donc indispensable de procéder à une édition entièrement revisée, tout en restant fidèle à l'esprit et au format du premier recueil. Le lecteur trouvera donc, dans le présent ouvrage, les lois et règlements essentiels ainsi que les références qui lui permettront, au besoin, de poursuivre de plus amples recherches.

La S.Q.D.A. est reconnaissante à l'éditeur Wilson & Lafleur Ltée de sa généreuse collaboration à la réalisation du présent ouvrage.

Me Joseph F. Beaubien
Président
Société québécoise pour
la défense des animaux

DÉCLARATION UNIVERSELLE des DROITS DE L'ANIMAL

Le texte de la Déclaration universelle des droits de l'animal a été adopté par la Ligue internationale des droits de l'animal et les ligues nationales affiliées, lors de la troisième réunion internationale sur les droits de l'animal, tenue à Londres du 21 au 23 septembre 1977. La Déclaration, proclamée le 15 octobre 1978 par la Ligue internationale, les ligues nationales et les personnes physiques et morales qui s'associent à elles, sera soumise à l'Organisation des Nations Unies pour l'éducation, la science et la culture (U.N.E.S.C.O.), puis à l'Organisation des Nations Unies (O.N.U.).

PRÉAMBULE

Considérant que tout animal possède des droits,

Considérant que la méconnaissance et le mépris de ces droits ont conduit et continuent de conduire l'homme à commettre des crimes envers la nature et envers les animaux,

Considérant que la reconnaissance par l'espèce humaine du droit à l'existence des autres espèces animales constitue le fondement de la coexistence des espèces dans le monde,

Considérant que des génocides sont perpétrés par l'homme et menacent d'être perpétrés,

Considérant que le respect des animaux par l'homme est lié au respect des hommes entre eux,

Considérant que l'éducation doit apprendre dès l'enfance à observer, comprendre, respecter et aimer les animaux,

IL EST PROCLAMÉ CE QUI SUIT:

Article premier

Tous les animaux naissent égaux devant la vie et ont les mêmes droits à l'existence.

Article 2

1. Tout animal a droit au respect.

2. L'homme, en tant qu'espèce animale, ne peut exterminer les autres animaux ou les exploiter en violant ce droit; il a le devoir de mettre ses connaissances au service des animaux.

3. Tout animal a droit à l'attention, aux soins et à la protection de l'homme.

Article 3

1. Nul animal ne sera soumis ni à des mauvais traitements ni à des actes cruels.

2. Si la mise à mort d'un animal est nécessaire, elle doit être instantanée, indolore et non génératrice d'angoisse.

Article 4

1. Tout animal appartenant à une espèce sauvage a le droit de vivre libre dans son propre environnement naturel, terrestre, aérien ou aquatique et a le droit de se reproduire.

2. Toute privation de liberté, même si elle a des fins éducatives, est contraire à ce droit.

Article 5

1. Tout animal appartenant à une espèce vivant traditionnellement dans l'environnement de l'homme a le droit de vivre et de croître au rythme et dans les conditions de vie et de liberté qui sont propres à son espèce.

2. Toute modification de ce rythme ou de ces conditions qui serait imposée par l'homme à des fins mercantiles est contraire à ce droit.

Article 6

1. Tout animal que l'homme a choisi pour compagnon a droit à une durée de vie conforme à sa longévité naturelle.

2. L'abandon d'un animal est un acte cruel et dégradant.

Article 7

Tout animal ouvrier a droit à une limitation raisonnable de la durée et de l'intensité du travail, à une alimentation réparatrice et au repos.

Article 8

1. L'expérimentation animale impliquant une souffrance physique ou psychologique est incompatible avec les droits de l'animal, qu'il s'agisse d'une expérimentation médicale, scientifique, commerciale ou de toute autre forme d'expérimentation.

2. Les techniques de remplacement doivent être utilisées et développées.

Article 9

Quand l'animal est élevé pour l'alimentation, il doit être nourri, logé, transporté et mis à mort sans qu'il en résulte pour lui ni anxiété ni douleur.

Article 10

1. Nul animal ne doit être exploité pour le divertissement de l'homme.

2. Les exhibitions d'animaux et les spectacles utilisant les animaux sont incompatibles avec la dignité de l'animal.

Article 11

Tout acte impliquant la mise à mort d'un animal sans nécessité est un biocide, c'est-à-dire un crime contre la vie.

Article 12

1. Tout acte impliquant la mise à mort d'un grand nombre d'animaux sauvages est un génocide, c'est-à-dire un crime contre l'espèce.

2. La pollution et la destruction de l'environnement naturel conduisent au génocide.

Article 13

1. L'animal mort doit être traité avec respect.

2. Les scènes de violence dont les animaux sont victimes doivent être interdites au cinéma et à la télévision, sauf si elles ont pour but de démontrer une atteinte aux droits de l'animal.

Article 14

1. Les organismes de protection et de sauvegarde des animaux doivent être représentés au niveau du gouvernement.

2. Les droits de l'animal doivent être défendus par la loi comme les droits de l'homme.

TABLE DES MATIÈRES

INTRODUCTION

Nous vivons une époque difficile mais extraordinaire. La puissance de l'atome a conditionné les rapports humains, l'éveil d'une conscience universelle change notre attitude par rapport à cette planète que nous tenions à asservir et à exploiter à outrance. Cette fragile paix dont nous bénéficions ici depuis un temps record a permis de se pencher sur des injustices que notre civilisation acceptait depuis trop longtemps comme un état de fait.

Il suffit de penser qu'il y a à peine un siècle, l'esclavage était admis par la plus grande partie de l'humanité, alors que nous trouvons cela maintenant d'une cruauté et d'une aberration inadmissibles. Les agressions internationales, le ségrégation, le racisme, le fanatisme religieux, la condition féminine, et bien d'autres sujets sont remis en question; des progrès significatifs sont en cours. De même nos rapports à la nature et à toutes ses constituantes sont analysés de plus en plus subtilement et devraient nous amener à une forme de conduite plus en harmonie avec l'avenir de notre environnement et celui des générations futures.

Parmi cette orchestration souhaitable pour le bonheur de l'humanité et l'espoir d'un monde plus charitable il y a cependant une tragique lacune: si la Société québécoise pour la défense des animaux a été constituée, c'est précisément dans le but de plaider pour un sort plus juste que celui qui est réservé actuellement à nos cohabitants terrestres.

À mesure que nous découvrons et analysons tous les aspects de la vie sur la planète, nous sommes confrontés avec l'évidence que les créatures qui l'habitent ne sont pas simplement des espèces à exploiter, ou à éliminer, mais qu'elles ont toutes un rôle régulateur et bénéfique dont nous sommes souvent les premiers bénéficiaires. Les animaux font partie d'écosystèmes établis depuis des millénaires, dont ils subissent et respectent les lois. Des chercheurs scientifiques de plus en plus nombreux ont analysé les comportements individuels et sociaux des espèces en liberté comme de celles qui sont contraintes par la domestication : des preuves évidentes s'accumulent pour contredire les théories cartésiennes ou « rationalistes », et démontrent que les animaux ne sont pas simplement des machines, incapables de souffrir physiquement ou psychologiquement, mais des êtres capables de pensées, de sentiments et de courage.

Cependant notre manière de les traiter est de la dictature pure et simple. Tout est permis, les tortures comme les méthodes concentrationnaires, du moment que ça rapporte! Ce ne sont que... est le mot de passe *qui excuse tout*!

Notre démographie galopante et envahissante, la mauvaise répartition des ressources mondiales, la spéculation associée à une rapacité insatiable prétendent justifier le sort de plus en plus menacé, étriqué et cruel de « nos frères inférieurs »: la destruction accélérée des habitats, la disparition massive des espèces, l'emprisonnement à vie dans des jardins zoologiques, l'incarcération des animaux domestiques dans des conditions souvent abjectes et les tortures prolongées, incontrôlées, de millions d'animaux dans les laboratoires sont des sujets qui touchent de plus en plus notre conscience.

Il faut agir. Il faut réagir!

Dès 1973, maître Roger Beullac et d'autres gens de bonne volonté, décident de créer un mouvement qui propose une législation mettant les animaux du Québec à l'abri de ces multiples abus. Ils regroupent des avocats et des personnes de divers milieux afin d'en établir les buts et les règlements. Cette « Société québécoise pour la défense des animaux » est constituée en février 1976 en vertu de la *Loi sur les compagnies* du Québec, et reconnue organisme de charité.

Elle a déjà pris des mesures concrètes en vue de:

— réclamer un statut particulier pour l'animal;

— obtenir une législation modifiée pour la protection de toute espèce;

— y inclure le contrôle de l'expérimentation animale;

— accélérer la recherche de méthodes de remplacement, et promouvoir celles qui ont fait leur preuve;

— faire connaître les lois canadiennes et québécoises actuellement en vigueur relatives au bien-être de l'animal;

— obtenir un contrôle gouvernemental sur la vente de TOUT ANIMAL quelle que soit l'espèce;

— enrayer la surpopulation insensée des animaux de compagnie en facilitant la castration;

— soumettre des recommandations aux municipalités du Québec;

— combattre la destruction de notre faune, en interdire la commercialisation et veiller à son bien-être;

— abolir les méthodes cruelles de piégeage;

— exposer l'aberration de l'élevage intensif;

— mettre un terme à l'utilisation abusive de l'animal dans le divertissement;

— faire connaître et respecter le monde animal par tous les moyens possibles.

Cette Société compte entièrement sur l'aide de gens de cœur qui se penchent sur la détresse animale et qui veulent lui apporter plus qu'une sympathie passive, des personnes qui sont prêtes à donner à son œuvre de leur temps, de leur argent, afin qu'elle survive.

Beaucoup de gens, de même que des représentants de la loi, sont confrontés à des situations concernant des animaux, mais ils ne connaissent pas leurs prérogatives. Afin de rendre les lois existantes facilement accessibles, la SQDA en a fait une compilation et une première édition, fort appréciée, parue en 1982 sous le titre: *L'animal, son bien-être et la loi au Québec.*

Ce nouveau recueil a été remis à jour. Il vous permet de voir et de connaître ce qui est... et tout ce qui reste à faire, pour qu'il y ait aussi un minimum de justice pour les animaux au Québec.

Elle est reconnaissante à la maison d'Édition Wilson et Lafleur Ltée de sa précieuse participation à cette réédition.

Frédéric Back
cofondateur de la Société

Code criminel
(Canada)

L.R.C. (1985), ch. C-46

Bétail et autres animaux

Art. 444 **Tuer ou blesser des bestiaux**

Est coupable d'un acte criminel et passible d'un emprisonnement maximal de cinq ans quiconque volontairement, selon le cas:

a) tue, mutile, blesse, empoisonne ou estropie des bestiaux;

b) place du poison de telle manière qu'il puisse être facilement consommé par des bestiaux.

Art. 445 **Tuer ou blesser d'autres animaux**

Est coupable d'une infraction punissable sur déclaration de culpabilité par procédure sommaire quiconque volontairement et sans excuse légitime, selon le cas:

a) tue, mutile, blesse, empoisonne ou estropie des chiens, oiseaux ou animaux qui ne sont pas des bestiaux et qui sont gardés pour une fin légitime;

b) place du poison de telle manière qu'il puisse être facilement consommé par des chiens, oiseaux ou animaux qui ne sont pas des bestiaux et qui sont gardés pour une fin légitime.

Cruauté envers les animaux

Art. 446 (1) **Faire souffrir inutilement un animal**

Commet une infraction quiconque, selon le cas:

a) volontairement cause ou, s'il en est le propriétaire, volontairement permet que soit causée à un animal ou un oiseau une douleur, souffrance ou blessure, sans nécessité;

b) par négligence volontaire cause une blessure ou lésion à des animaux ou à des oiseaux alors qu'ils sont conduits ou transportés;

c) étant le propriétaire ou la personne qui a la garde ou le contrôle d'un animal ou oiseau domestique ou d'un animal ou oiseau sauvage en captivité, l'abandonne en détresse ou volontairement néglige ou omet de lui fournir les aliments, l'eau, l'abri et les soins convenables et suffisants;

d) de quelque façon encourage le combat ou le harcèlement d'animaux ou d'oiseaux ou y aide ou assiste;

e) volontairement, sans excuse raisonnable, administre une drogue ou substance empoisonnée ou nocive à un animal ou oiseau domestique ou à un animal ou oiseau sauvage en captivité ou, étant le propriétaire d'un tel animal ou oiseau, volontairement permet qu'une drogue

ou substance empoisonnée ou nocive lui soit administrée ;

f) organise, prépare, dirige, facilite quelque réunion, concours, exposition, divertissement, exercice, démonstration ou événement au cours duquel des oiseaux captifs sont mis en liberté avec la main ou par une trappe, un dispositif ou autre moyen pour essuyer un coup de feu au moment de leur libération, ou y prend part ou reçoit de l'argent à cet égard ;

g) étant le propriétaire ou l'occupant, ou la personne ayant la charge d'un local, permet que ce local soit utilisé en totalité ou en partie pour une fin mentionnée à l'alinéa f).

(2) **Peine**

Est coupable d'une infraction punissable sur déclaration de culpabilité par procédure sommaire quiconque commet une infraction visée au paragraphe (1).

(3) **L'omission d'accorder des soins raisonnables constitue une preuve**

Aux fins des poursuites engagées en vertu de l'alinéa (1)a) ou b), la preuve qu'une personne a omis d'accorder à un animal ou à un oiseau des soins ou une surveillance raisonnables, lui causant ainsi de la douleur, des souffrances, des dommages ou des blessures, fait preuve, en l'absence de toute preuve contraire, que cette douleur, ces souffrances, dommages ou blessures ont été volontairement causés ou permis ou qu'ils ont été causés par négligence volontaire, selon le cas.

(4)   **La présence lors du harcèlement d'un animal constitue une preuve**

Aux fins des poursuites engagées en vertu de l'alinéa (1)d), la preuve qu'un prévenu était présent lors du combat ou du harcèlement d'animaux ou d'oiseaux fait preuve, en l'absence de toute preuve contraire, qu'il a encouragé ce combat ou ce harcèlement ou y a aidé ou assisté.

(5)   **Ordonnance de prohibition**

En cas d'infraction visée au paragraphe (1), le tribunal peut, en plus de toute autre peine imposée pour cette infraction, rendre une ordonnance interdisant au prévenu de posséder un animal ou un oiseau, ou d'en avoir la garde, pour une période maximale de deux ans.

(6)   **Violation de l'ordonnance**

Est coupable d'une infraction punissable sur déclaration de culpabilité par procédure sommaire quiconque est propriétaire d'un animal ou oiseau ou en a la garde ou le contrôle alors que cela lui est interdit du fait d'une ordonnance rendue aux termes du paragraphe (5).

Art. 447 (1) **Arène pour combats de coqs**

Est coupable d'une infraction punissable sur déclaration de culpabilité par procédure sommaire quiconque construit, fait, entretient ou garde une arène pour les combats de coqs sur les lieux qu'il possède ou occupe, ou permet qu'une telle arène soit construite, faite, entretenue ou gardée sur ces lieux.

(2) **Confiscation**

Un agent de la paix qui trouve des coqs dans une arène pour les combats de coqs ou sur les lieux où est située une telle arène doit s'en emparer et les transporter devant un juge de paix qui en ordonnera la destruction.

Loi de police
(Québec)

L.R.Q., c. P-13

Art. 2   **Constables et agents de la paix**

Les membres de la Sûreté ainsi que les Policiers municipaux sont, dans tout le territoire du Québec, constables et agents de la paix; il en est de même de tout constable spécial dans le territoire pour lequel il est nommé sous réserve des restrictions contenues dans l'écrit constatant sa nomination.

Art. 67   **Devoir**

Tout corps de police municipal et chacun de ses membres sont chargés de maintenir la paix, l'ordre et la sécurité publique dans les territoires de la municipalité pour laquelle il est établi, ainsi que dans tout autre territoire sur lequel cette municipalité a compétence, de prévenir le crime ainsi que les infractions à ses règlements et d'en rechercher les auteurs.

Code de la sécurité routière (Québec)

L.R.Q., c. C-24.2

CHAPITRE V

DISPOSITIONS PARTICULIÈRES
CONCERNANT LES ANIMAUX

Art. 493 **Escorte obligatoire**

Nul ne peut faire circuler des animaux de ferme sur un chemin public ou leur faire traverser ce chemin à moins qu'ils ne soient escortés par deux personnes, chacune tenant bien en vue un drapeau rouge.

Exception

Le gouvernement peut cependant établir, par règlement, des conditions permettant de faire traverser un chemin public à des animaux de ferme sans avoir à se conformer au premier alinéa.

Art. 494 **Interdiction de nuit**

Nul ne peut, durant la nuit, faire circuler des animaux de ferme sur un chemin public ou leur faire traverser ce chemin.

Art. 495 **Accès limité**

Nul ne peut faire circuler des animaux de ferme sur un chemin à accès limité ou leur faire traverser ce chemin.

Art. 496   **Équitation**

Nul ne peut faire de l'équitation:

1°   sur un chemin à accès limité ou sur ses voies d'entrée ou de sortie;

2°   sur toute partie d'un chemin public où une signalisation l'interdit.

Loi sur les maladies et la protection des animaux (Canada)

L.R.C. (1985), ch. A-11

DÉFINITIONS

Art. 2   **Définitions**

Les définitions qui suivent s'appliquent à la présente loi.

«maladie déclarable» "reportable..."

«maladie déclarable» Maladie devant faire l'objet d'une déclaration; la liste comprend: la peste porcine africaine, l'anaplasmose, la fièvre charbonneuse, pneumoencéphalite aviaire (maladie de Newcastle), la fièvre catarrhale du mouton, la brucellose, la cysticercose (bovine), l'anémie infectieuse des équidés, la piroplasmose du cheval, la fièvre aphteuse, la peste aviaire, la typhose aviaire, la morve, la peste porcine, la maladie du coït (dourine), la gale des bestiaux, la pullorose, la rage, la peste bovine, la tremblante, la gale du mouton, la trichinose, la tuberculose, la maladie vésiculaire du porc, l'exanthème vésiculaire du porc, la stomatite vésiculeuse, ou toute autre maladie que le ministre peut désigner.

**« maladies infectieuses ou conta-
gieuses »
"infectious..."**

« maladies infectieuses ou contagieuses »
S'entend des maladies déclarables ainsi que
des maladies généralement reconnues
comme infectieuses ou contagieuses chez
les animaux.

OBLIGATIONS DES PROPRIÉTAIRES
D'ANIMAUX

Art. 9   (1) **Avis des maladies**

Dès qu'il constate, chez un animal qui lui
appartient ou dont il prend soin, les symptômes d'une maladie déclarable, tout propriétaire, éleveur ou marchand d'animaux, ou
quiconque amène des animaux au Canada,
est tenu d'en aviser immédiatement le plus
proche inspecteur-vétérinaire du ministère
de l'Agriculture.

(2)   **Avis par les vétérinaires**

Dès qu'il constate qu'un animal est atteint
d'une maladie déclarable, tout vétérinaire
au Canada est tenu d'en avertir immédiatement le plus proche inspecteur-
vétérinaire.

DESTRUCTION DES ANIMAUX ET OBJETS INFECTÉS OU SOUPÇONNÉS DE L'ÊTRE

Art. 11 (1) **Destruction des animaux**

Le ministre ou son délégué à cet effet peut faire détruire un animal dans les cas suivants:

a) il est atteint d'une maladie infectieuse ou contagieuse ou est soupçonné de l'être;

b) il a été soit en contact direct avec un autre animal correspondant alors au cas visé à l'alinéa a), soit dans son voisinage immédiat;

c) il a été soit en contact direct avec des produits ou sous-produits animaux, du fourrage, de la nourriture animale, des engrais, du fumier, du matériel d'emballage, des conteneurs ou d'autres objets alors infectés ou soupçonnés de l'être, soit dans leur voisinage immédiat.

(2) **Destruction des produits animaux, etc.**

Le ministre ou son délégué à cet effet peut faire détruire tous produits ou objets — notamment parmi ceux mentionnés à l'alinéa (1)c) — qui, selon le cas:

a) sont infectés par une maladie infectieuse ou contagieuse ou soupçonnés de l'être;

b) ont été soit en contact direct avec un animal correspondant alors au cas visé à l'alinéa (1)a), soit dans son voisinage immédiat;

c) ont été soit en contact direct avec des produits ou sous-produits animaux, du fourrage, de la nourriture animale, des engrais, du fumier, du matériel d'emballage, des conteneurs ou d'autres objets alors infectés ou soupçonnés de l'être, soit dans leur voisinage immédiat.

Art. 20 (1) **Saisie des animaux**

L'animal atteint d'une maladie infectieuse ou contagieuse ou soupçonné de l'être, qui est aliéné, notamment par vente ou échange, ou qui est exposé ou mis en vente en quelque lieu que ce soit, ou encore que l'on amène ou tente d'amener, pour l'exposer ou le mettre en vente, dans un marché, une foire ou tout autre lieu public où sont habituellement exposés pour la vente des animaux, peut être saisi par un inspecteur, un agent de police, un commis, inspecteur ou autre employé de la foire ou du marché ou par toute autre personne ayant l'autorisation du maire, du préfet ou d'un juge de paix compétent dans le lieu en cause, ainsi que par toute personne autorisée ou nommée par le ministre. Le cas échéant, le saisissant transmet le procès-verbal de la saisie au maire, au préfet ou à un juge de paix compétent dans le lieu en cause.

(2) **Destruction**

Le maire, le préfet ou le juge de paix, ou la personne autorisée ou nommée par le ministre peut, immédiatement après examen et constat d'un vétérinaire, faire détruire l'animal — ainsi que tous les objets qui risquent, à son avis, d'avoir été infectés par l'animal — de la manière qu'il juge indiquée ou conformément aux prescriptions de la présente loi.

Art. 21 (1) Arrestation des contrevenants

(1) Les inspecteurs ou agents de police peuvent, sans mandat, appréhender toute personne prise en flagrant délit d'infraction à la présente loi concernant les lieux infectés, et la faire comparaître sur-le-champ devant un juge de paix conformément aux règles de droit en vigueur.

Art. 22 Réintégration des lieux infectés

Tout inspecteur ou agent de police peut exiger que les animaux ou les objets ayant quitté un lieu infecté, en violation de la présente loi, y soient immédiatement ramenés, et ce aux frais de leur propriétaire.

LIEUX INFECTÉS

Art. 30 Interdiction de sortir

Il est interdit, sans permis signé d'un inspecteur ou agent visé à l'article 17, de sortir de tout lieu qui a été déclaré infecté:

a) des animaux vivants;

b) des produits ou sous-produits animaux;

c) des carcasses animales ou des restes d'un animal;

d) du fumier, du fourrage ou toute autre chose se rapportant à des animaux.

L'interdiction reste en vigueur tant qu'un arrêté du ministre n'abroge pas la déclaration d'infection.

TRANSPORT DES ANIMAUX

Art. 31 **Conformité du transport**

Tout transport d'animaux par aéronef, wagon, véhicule ou bateau ne peut se faire qu'en conformité avec les règlements d'application de l'article 32.

INTERDICTIONS

Art. 35 (1) **Obligation de déclaration**

Quiconque perçoit ou constate les symptômes d'une maladie déclarable chez des animaux qui lui appartiennent ou dont il est responsable est tenu d'en donner avis conformément à la présente loi.

(2)   **Interdiction de dissimuler**

Il est interdit de dissimuler l'existence d'une maladie déclarable.

Art. 36 **Pacage d'animaux malades**

Il est interdit de garder et de mener ou laisser paître un animal dont on sait qu'il est

atteint d'une maladie déclarable – ou y a été exposé — dans tout lieu ou terrain qui n'est pas à l'écart ou clôturé.

Art. 37 Déplacement des animaux malades

Il est interdit, sans permis signé d'un inspecteur, de mener ou tenter de mener au marché, à une foire ou en tout autre lieu, un animal dont on sait qu'il est atteint de quelque maladie infectieuse ou contagieuse.

Art. 38 Vente ou aliénation d'animaux malades

Il est interdit, sans permis délivré par un inspecteur, de sciemment vendre ou aliéner, offrir ou exposer en vente, ou tenter d'aliéner tout ou partie d'un animal atteint d'une maladie déclarable, ou un produit ou sous-produit provenant d'un tel animal. Cette interdiction vise tant les propriétaires des animaux, produits et sous-produits animaux que toute autre personne.

Art. 43 (1) Importation illégale d'animaux

(1) Il est interdit d'importer ou d'introduire un animal au Canada — ou de tenter de le faire — en violation des décrets, arrêtés, ordonnances ou règlements d'application de la présente loi.

(2)   **Confiscation d'animaux importés illégalement**

Les animaux importés ou introduits au Canada — ou faisant l'objet d'une tentative en ce sens — en violation des décrets, arrêtés, ordonnances ou règlements d'application de la présente loi sont confisqués; il peut en être immédiatement disposé, notamment par destruction, conformément aux instructions du ministre ou de son délégué à cet effet.

Art. 44   **Fait de pénétrer dans un lieu dont l'entrée est interdite**

Quiconque a des animaux en sa possession ou garde dans les limites d'une circonscription où sévit quelque maladie infectieuse ou contagieuse doit afficher à l'entrée des bâtiments ou enclos où sont gardés ces animaux un avis en interdisant l'entrée sans sa permission. L'accès en est dès lors réservé aux personnes ayant le droit d'entrer ou de passer dans les bâtiments ou enclos ou dans toute partie de ceux-ci.

Règlement sur les maladies et la protection des animaux (Canada)

C.R.C. 1978, c. 296

adopté en vertu de la *Loi sur les maladies et la protection des animaux.*

Marchés d'animaux

Art. 92 (1) Sous réserve du paragraphe (2), nul ne peut tenir une vente, une enchère ou un marché publics d'animaux de ferme, à moins que la personne qui en est responsable ne fournisse

a) des installations d'inspection et d'épreuves des animaux mis en vente à cet endroit, y compris une salle où un inspecteur peut effectuer des épreuves de laboratoire ; et

b) dans le cas de vente, d'enchère ou de marché tenu dans un parc à bestiaux, tel que défini dans la *Loi sur les animaux de ferme et leurs produits,* des installations de nettoyage et de désinfection des véhicules servant au transport des animaux à cet endroit.

(2) L'alinéa (1)a) ne s'applique pas aux ventes d'animaux de ferme effectuées par un agriculteur dans sa propre ferme.

Art. 93   Une personne responsable d'une vente, d'une enchère ou d'un marché public d'animaux de ferme garde en bon état sanitaire l'endroit où ils sont tenus.

PARTIE XII

TRANSPORT DES ANIMAUX

Animaux malades, en gestation et inaptes

Art. 138   (1) Nul transporteur aérien ou maritime ne peut exporter un animal touché ou atteint d'une maladie transmissible.

(2)   Sous réserve du paragraphe (3), nul ne peut charger et transporter à bord d'un wagon de chemin de fer, véhicule à moteur, aéronef ou navire un animal

a) qui, pour des raisons d'infirmité, de maladie, de blessure, de fatigue ou pour toute autre cause, ne peut être transporté sans souffrances indues au cours du voyage prévu;

b) qui n'a pas été alimenté et abreuvé dans les 5 heures précédant l'embarquement, si la durée prévue de l'isolement de l'animal dépasse 24 heures à compter de l'embarquement; ou

c) s'il est probable que l'animal mette bas au cours du voyage.

(3)   L'alinéa (2)b) ne s'applique pas aux poussins de toute espèce, si la durée prévue de leur isolement est inférieure à 72 heures à partir du moment de l'éclosion.

(4) Une compagnie de chemin de fer ou un transporteur routier cesse le transport d'un animal blessé, malade ou autrement inapte au transport en cours de voyage, au plus proche endroit où il peut recevoir des soins.

Matériel d'embarquement et de débarquement

Art. 139 (1) Nul ne peut frapper un animal embarqué ou débarqué par un transporteur et seul un aiguillon d'un modèle approuvé par le ministre peut être utilisé.

(2) Un transporteur ne peut embarquer ou débarquer un animal d'une façon susceptible de lui causer des blessures ou des souffrances indues.

(3) Les rampes, passerelles, glissières, boîtes ou autres dispositifs utilisés par un transporteur pour l'embarquement ou le débarquement des animaux sont entretenus et utilisés de façon à ne pas causer de blessures ou de souffrances indues aux animaux et leur inclinaison ne peut dépasser 45 degrés.

(4) Les rampes et passerelles utilisées par un transporteur pour l'embarquement ou le débarquement d'animaux sont pourvues de cloisons latérales suffisamment hautes et solides pour empêcher les animaux de tomber.

(5) Les rampes utilisées par un transporteur pour l'embarquement ou le débarquement

des animaux sont disposées de telle façon qu'il n'y ait pas d'espace non gardé entre la rampe ou ses cloisons latérales et le wagon de chemin de fer, le véhicule à moteur, le navire ou l'aéronef.

(6)   Sous réserve du paragraphe (7), les véhicules à moteur et aéronefs servant au transport des animaux de ferme sont munis par le transporteur d'une barrière ou d'une glissière d'embarquement

a) pourvue de prises de pied sûres; et

b) convenant à l'embarquement et au débarquement des animaux.

(7)   Le paragraphe (6) ne s'applique pas aux aéronefs équipés pour le chargement des animaux de ferme en conteneurs.

Interdiction relative à l'entassement

Art. 140 (1) Il est interdit de charger ou de faire charger un animal dans un wagon de chemin de fer, un véhicule à moteur, un aéronef, un navire, un cageot ou un conteneur qui est rempli à un point tel que l'animal ou tout autre qui s'y trouve risquerait de se blesser ou de souffrir indûment.

(2)   Il est interdit à un transporteur de transporter un animal dans un wagon de chemin de fer, un véhicule à moteur, un aéronef, un navire, un cageot ou un conteneur qui est rempli à un point tel que l'animal ou tout autre qui s'y trouve risquerait de se blesser ou de souffrir indûment.

Isolement

Art. 141 (1) Sous réserve du présent article, il est interdit à quiconque de charger dans un wagon de chemin de fer, un véhicule à moteur, un aéronef ou un navire, ou à un transporteur de transporter, des animaux d'espèces différentes ou de poids ou d'âge sensiblement différents sans les avoir séparés.

(2) Le paragraphe (1) ne s'applique pas à une femelle allaitante accompagnée de son petit.

(3) Chaque vache, truie ou jument allaitante et son petit sont isolés.

(4) Les animaux de la même espèce, inconciliables de nature, sont isolés.

(5) Les groupes de taureaux, de verrats désarmés, de boucs ou de béliers adultes sont isolés.

(6) Chaque verrat adulte aux défenses non enlevées et chaque étalon adulte sont isolés.

(7) Un équidé dont les pattes postérieures sont ferrées est isolé des autres équidés.

(8) S'il s'agit de transport aérien, chaque équidé de plus de 14 mains de hauteur est isolé des autres équidés.

(9) S'il s'agit de transport aérien, les taureaux adultes sont solidement attachés.

(10) S'il s'agit de transport maritime, chaque cheval est isolé.

Art. 142   Un transporteur ne peut autoriser le transport d'animaux par wagon de chemin de fer, véhicule à moteur, aéronef ou navire, à moins

a) que chaque animal ne puisse se tenir dans sa position naturelle sans venir en contact avec un pont ou un toit; et

b) qu'un système d'égouttement ou d'absorption de l'urine ne soit prévu à tous les ponts ou niveaux.

Protection des animaux contre les blessures ou la maladie

Art. 143   (1) Nul transporteur ne peut transporter un animal dans un wagon de chemin de fer, un véhicule à moteur, un aéronef, un navire ou un conteneur, s'il risque de se blesser ou de souffrir indûment en raison

a) de leur construction inadéquate;

b) d'attaches mal assurées, de la présence de têtes de boulons, d'angles ou autres saillies;

c) de l'insuffisance de matelassage, d'isolation ou d'obstruction des ferrures ou autres parties du wagon de chemin de fer, du véhicule à moteur, de l'aéronef, du navire ou du conteneur;

d) d'une exposition indue aux intempéries; ou

e) d'une ventilation insuffisante.

(2)   Sous réserve du paragraphe (3), les planchers des wagons de chemin de fer, de

véhicules à moteur, d'aéronefs ou de navires utilisés pour le transport des animaux de ferme sont

a) couverts de sable ou pourvus de prises de pied sûres; et

b) couverts de paille, de copeaux de bois ou de tout autre matériau de litière.

(3) Lorsqu'il est prévu que les animaux de ferme seront enfermés dans un wagon de chemin de fer, un véhicule à moteur ou un aéronef pendant au plus 12 heures, le wagon, le véhicule et l'aéronef répondent aux exigences des alinéas (2)a) ou b).

(4) Un transporteur maritime qui embarque un équidé pour exportation lors d'un voyage effectué au cours de la période qui commence le 1er novembre et qui finit le 31 mars suivant, équipe le navire de façon que l'équidé ne souffre pas du mal de mer.

Conteneurs

Art. 144 (1) Un conteneur utilisé pour le transport des animaux est construit et entretenu de façon

a) que les animaux qui s'y trouvent puissent, au besoin, être nourris et abreuvés sans en être retirés;

b) que les animaux qui s'y trouvent puissent être inspectés à tout moment; et

c) qu'aucun déchet liquide ou solide ne s'en échappe.

(2)   Sous réserve du paragraphe (4), un conteneur utilisé pour le transport des animaux est pourvu d'un signe ou d'un symbole indiquant

a) la présence d'animaux sur pieds; et

b) la position à l'endroit du conteneur.

(3)   Un conteneur utilisé pour le transport des animaux est arrimé au wagon de chemin de fer, au véhicule à moteur, à l'aéronef ou au navire de façon à empêcher son déplacement au cours du transport.

(4)   Le paragraphe (2) ne s'applique pas à un conteneur si tous les animaux qu'il contient sont facilement visibles de l'extérieur.

Installations de protection

Art. 145   À chaque point d'embarquement ou de débarquement des animaux pour alimentation, abreuvement ou repos, le transporteur prévoit ou a accès à des installations permettant d'alimenter, d'abreuver et de soigner les animaux et offrant une protection contre les intempéries.

Ventilation de l'aéronef

Art. 146   Le transporteur aérien s'assure que chaque carlingue d'aéronef servant au transport d'animaux est pourvue d'un système de ventilation assurant un renouvellement d'air au moins une fois toutes les 5 minutes lorsque l'aéronef est au sol et une fois toutes les 4 minutes en cours de vol.

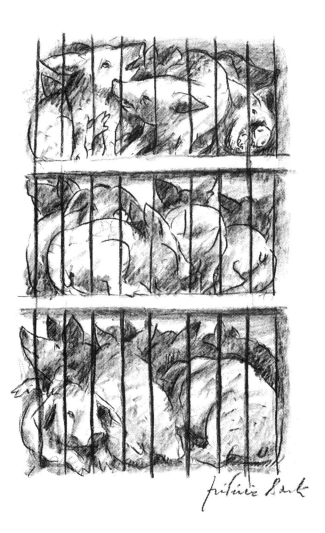

Ventilation du navire

Art. 147   Le transporteur maritime prévoit une ventilation distincte pour chaque compartiment fermé du navire servant au transport des animaux et, en plus de la ventilation obtenue par les écoutilles, fournit à chaque compartiment fermé un système de ventilation mécanique d'un débit suffisant pour renouveler complètement l'air une fois toutes les 5 minutes, sauf dans le cas d'un compartiment aménagé sur le pont principal ou le pont supérieur où l'on peut utiliser la ventilation naturelle.

Alimentation et abreuvement des animaux en transit

Art. 148   (1) Sous réserve des paragraphes (2), (3) et (7), un transporteur ne peut enfermer dans un wagon de chemin de fer, un véhicule à moteur, un aéronef ou un navire

a) des équidés, porcs ou autres animaux monogastriques pendant plus de 36 heures; ou

b) des bovins, moutons, chèvres ou autres ruminants pendant plus de 48 heures.

(2)   Le paragraphe (1) ne s'applique pas aux ruminants qui atteindront leur destination définitive au Canada à un endroit où ils peuvent être nourris, abreuvés et se reposer sans être enfermés plus de 52 heures.

(3)   Les poussins de toute espèce ne peuvent être enfermés sans eau ni aliments pendant plus de 72 heures à compter de l'éclosion.

(4)   Les animaux de ferme déchargés d'un wagon de chemin de fer, d'un véhicule à moteur, d'un aéronef ou d'un navire pour être nourris, abreuvés et se reposer avant d'être réembarqués sont débarqués dans un enclos pour un repos d'au moins 5 heures et pourvus d'une abondante provision d'aliments appropriés et d'eau potable exempte de glace, et, avant le réembarquement, le plancher du wagon de chemin de fer, du véhicule à moteur, de l'aéronef ou du navire est recouvert de paille, de copeaux de bois ou d'autre matériau de litière.

(5)   L'enclos destiné au déchargement des animaux de ferme selon le paragraphe (4) comporte

a)   suffisamment d'espace pour que tous les animaux puissent se coucher au même moment;

b)   des crèches et des auges convenant à leur alimentation et abreuvement;

c)   des sols propres et bien égouttés en béton ou en gravier offrant une prise de pieds sûre;

d)   assez de paille ou autre matériau de litière; et

e)   une protection contre les intempéries.

(6) Le transporteur maritime

a) prévoit suffisamment d'eau et d'aliments convenables pour les animaux transportés à bord du navire, compte tenu de la durée prévue du voyage;

b) prévoit, outre les exigences de l'alinéa a), un approvisionnement supplémentaire d'eau et d'aliments de 2 jours pour chaque période prévue de 8 jours de voyage;

c) entrepose les aliments et l'eau d'une façon hygiénique et à l'abri des intempéries; et

d) équipe le navire de canalisations d'eau et de robinets propres à l'abreuvement des animaux.

(7) le paragraphe (1) ne s'applique pas aux animaux si

a) le wagon de chemin de fer, le véhicule à moteur, l'aéronef ou le navire est déjà convenablement équipé pour l'alimentation, l'abreuvement et le repos des animaux; et

b) les animaux sont nourris, abreuvés et se reposent à intervalles maximums de 48 heures, dans le cas des ruminants, et de 36 heures, dans le cas des animaux monogastriques.

Aliments spéciaux pour veaux

Art. 149 Une compagnie de chemin de fer ou un transporteur routier ou aérien fournit, à intervalles ne dépassant pas 18 heures, de l'eau et des aliments appropriés aux veaux transportés par wagon de chemin de fer, véhicule à moteur ou aéronef, s'ils sont trop jeunes pour être nourris exclusivement de foin et de céréales.

Déclaration d'animaux blessés

Art. 150   À la fin du voyage ou du vol, le transporteur aérien ou maritime fait rapport à l'inspecteur-vétérinaire, au port d'embarquement, de tout animal mort, tué ou gravement blessé au cours du voyage, indiquant dans chaque cas la cause de la mort ou de la blessure.

Protection des animaux à bord d'un navire

Art. 153   (1) Le transporteur maritime ne peut transporter des animaux à bord d'un navire

a) sur plus de trois ponts, à moins qu'un pont supplémentaire n'ait été spécialement aménagé pour le transport des animaux;

b) sur un pont exposé aux intempéries, à moins que ce ne soit dans un conteneur ou dans un compartiment formant partie intégrante de la structure du navire;

c) sur une structure temporaire édifiée sur le pont et impropre au transport des animaux;

d) dans une partie du navire où leur présence nuirait à la conduite, à la ventilation, au fonctionnement ou à la sécurité du navire ;

e) sur une écoutille installée au-dessus d'un compartiment renfermant d'autres animaux ; ou

f) sur une écoutille, s'il n'y a pas d'autres voies d'accès au compartiment installé au-dessous.

(2) Le transporteur maritime s'assure

a) qu'aucune marchandise ni aliment destiné aux animaux n'est chargé sur une écoutille située au-dessus d'un compartiment renfermant des animaux ;

b) qu'un espace d'au moins 144 pieds carrés d'une écoutille située au-dessus d'un compartiment renfermant des animaux est libre et propre à tout moment ; et

c) que des allées sont aménagées pour permettre de soigner et de nourrir les animaux dans les compartiments et les cales.

Entravement des animaux

Art. 154 Le transporteur maritime s'assure que dans un navire utilisé au transport des animaux

a) les bovins non transportés en enclos individuel sont solidement attachés par la tête ou le cou à une rampe d'entravement à l'aide d'un licol ou d'une corde d'au moins ¹/₂ pouce de diamètre dans une position transversale au sens du navire face à une allée;

b) les équidés sont attachés par des cordes de façon à empêcher l'animal de mordre d'autres animaux ou de se heurter la tête contre le pont supérieur; et

c) les moutons, chèvres et porcs sont transportés dans des enclos ou des conteneurs fermés.

Enclos réservés

Art. 155   Un inspecteur-vétérinaire peut ordonner à un transporteur maritime de garder libres à bord du navire les enclos qu'il désigne pour loger des animaux blessés, malades ou autrement inaptes au transport au cours du voyage.

Éclairage

Art. 156   Le transporteur maritime s'assure que le navire est pourvu d'un éclairage adéquat pour permettre aux animaux à bord d'être nourris, abreuvés et soignés convenablement.

Isolation

Art. 157   Le transporteur maritime ne peut autoriser le transport d'animaux près des parois de la chambre des chaudières ou des moteurs du navire, à moins que ces parois ne soient recouvertes

a) de 1 pouce de bois embouveté laissant un coussin d'air de 3 pouces d'épaisseur entre le bois et les parois; ou

b) d'autres moyens adéquats d'isolation.

Élimination des animaux blessés

Art. 158 (1) Le transporteur maritime équipe le navire utilisé au transport des animaux

a) d'un dispositif d'abattage sans cruauté, en bon état de marche; et

b) d'une quantité suffisante de munitions.

(2) Le transporteur maritime abat un animal blessé à bord du navire au moyen du dispositif d'abattage visé au paragraphe (1), à moins que le capitaine du navire n'estime que l'animal peut être épargné sans souffrances indues.

Transport des médicaments vétérinaires

Art. 159 Le transporteur maritime équipe le navire utilisé au transport des animaux, d'une quantité suffisante de médicaments vétérinaires propres au traitement des animaux à bord.

Règlement de 1990 sur l'inspection des viandes (Canada)

DORS/90-288, (1990) 124 Gaz. Can., Partie II, 2090

adopté en vertu de la *Loi sur l'inspection des viandes.*

PARTIE III

INSPECTION, EMBALLAGE ET ÉTIQUETAGE

Inspection et traitement et abattage sans cruauté des animaux pour alimentation humaine

Art. 61   L'exploitant et tout préposé à la manutention et à l'abattage des animaux pour alimentation humaine dans un établissement agréé doivent se conformer aux articles 62 à 80.

Art. 62   (1) Les animaux pour alimentation humaine doivent être manutentionnés de façon à ne pas subir de souffrances inutiles.

(2)   Aucun aiguillon, qu'il soit électrique ou non, ne peut être appliqué sur les régions anale, génitale ou faciale d'un animal pour alimentation humaine.

Art. 63   (1) Les différentes espèces d'animaux pour alimentation humaine doivent être gardées séparées les unes des autres.

(2) L'animal pour alimentation humaine visiblement malade ou blessé doit être immédiatement isolé de ceux qui semblent être sains.

(3) L'animal pour alimentation humaine qui peut constituer un danger pour les autres animaux pour alimentation humaine doit immédiatement être isolé.

Art. 64 Le parc destiné aux animaux pour alimentation humaine qui attendent d'être abattus doit être suffisamment aéré et les animaux ne doivent pas y être à l'étroit.

Art. 65 L'animal pour alimentation humaine gardé dans un parc en attendant d'être abattu doit avoir accès à de l'eau potable et, s'il est gardé plus de 24 heures, de la nourriture doit lui être fournie.

Art. 66 L'animal pour alimentation humaine dans l'établissement agréé doit être présenté à l'inspecteur pour inspection *ante mortem*.

Art. 67 (1) Sous réserve du paragraphe (2), l'animal pour alimentation humaine présenté pour inspection *ante mortem* à l'établissement agréé doit être inspecté par l'inspecteur et si celui-ci n'est pas vétérinaire et qu'il soupçonne que l'animal est immature ou présente une déviation par rapport au comportement normal ou à l'apparence normale, il doit le détenir et le renvoyer au vétérinaire officiel pour inspection.

(2)   Le vétérinaire officiel peut autoriser l'inspecteur qui n'est pas vétérinaire à ne pas lui renvoyer pour inspection un animal pour alimentation humaine qui présente des déviations spécifiées par rapport au comportement normal ou à l'apparence normale.

Art. 68   L'animal pour alimentation humaine qu'un vétérinaire officiel trouve malade ou dans un autre état insatisfaisant pour l'abattage doit être, selon le cas:

a) condamné et faire l'objet des mesures prévues à l'article 54;

b) détenu et isolé pour:
   (i) soit être mis au repos ou être soigné;
   (ii) soit être abattu;

c) s'il est âgé de moins de deux semaines, gardé jusqu'à l'âge de deux semaines, après quoi l'inspecteur prend les mesures voulues.

Art. 70   Sous réserve de l'article 72, l'animal pour alimentation humaine est condamné si, au moment de procéder à l'inspection *ante mortem* dans l'établissement agréé, le vétérinaire officiel:

a) soit le trouve agonisant;

b) soit le trouve atteint ou le soupçonne d'être atteint d'une maladie du système nerveux central;

c) soit le trouve atteint ou le soupçonne d'être atteint d'une maladie ou d'être

dans un état qui pourrait rendre un produit de viande provenant de celui-ci
impropre à être transformé en tant que
produit de viande comestible.

Art. 71 (1) L'animal pour alimentation humaine condamné conformément aux articles 68
ou 70 doit être isolé et désigné comme étant
condamné d'une façon que le directeur juge
satisfaisante.

(2) L'animal pour alimentation humaine désigné comme étant condamné en vertu du
paragraphe (1) doit être abattu dans une
aire de l'établissement agréé où sont gardés les animaux vivants ou dans l'aire des
produits incomestibles et doit faire l'objet
des mesures prévues à l'article 54.

Art. 72 L'animal pour alimentation humaine
doit être détenu si, au moment de procéder
à l'inspection *ante mortem*, le vétérinaire
officiel :

a) soit le trouve atteint ou le soupçonne
d'être atteint d'une maladie ou d'être
dans un état qui pourrait rendre un produit de viande provenant de cet animal
impropre à être transformé en tant que
produit de viande comestible, mais qui
ne justifie pas la condamnation visée à
l'article 70 ;

b) soit le juge être âgé de moins de deux
semaines.

Art. 73 (1) L'animal pour alimentation humaine détenu en application de l'article 72 doit
être isolé et désigné comme étant détenu.

(2)   La carcasse provenant d'un animal pour alimentation humaine détenu est désignée comme étant détenue jusqu'à la fin de l'inspection *post mortem*.

Art. 74   Aucun animal pour alimentation humaine ne peut être abattu dans l'établissement agréé à moins que son abattage n'ait été approuvé par l'inspecteur, dans les 24 heures précédant l'abattage.

Art. 75   Aucun animal pour alimentation humaine désigné comme étant détenu en application de l'article 73 ne peut être abattu sans l'autorisation de l'inspecteur.

Art. 76   L'animal pour alimentation humaine qui est abattu autrement que conformément à l'article 77 est:

a) soit rendu inconscient avant la saignée, selon l'une des méthodes visées à l'article 79, de façon qu'il ne reprenne pas connaissance avant sa mort;

b) soit électrocuté avant la saignée;

c) soit, dans le cas d'une volaille ou d'un lapin domestique, décapité.

Art. 77   L'animal pour alimentation humaine abattu selon un rite conforme aux lois judaïques ou islamiques est immobilisé et abattu par le sectionnement rapide, complet et simultané des jugulaires et des carotides, de façon qu'il perde connaissance immédiatement.

Art. 78   L'animal pour alimentation humaine, sauf la volaille ou le lapin domestique, ne peut être suspendu à des fins d'abattage que si, immédiatement avant d'être suspendu, il a été:

a) soit rendu inconscient selon l'une des méthodes visées à l'article 79 de façon qu'il ne reprenne pas connaissance avant sa mort;

b) soit électrocuté.

Art. 79 Pour l'application des articles 76 et 78 et sous réserve de l'article 80, l'animal pour alimentation humaine peut être rendu inconscient selon l'une des méthodes suivantes:

a) par un coup sur la tête asséné au moyen d'un dispositif mécanique pénétrant ou non pénétrant;

b) dans le cas d'un agneau ou d'un jeune veau, par un coup sur la tête asséné au moyen d'une masse;

c) par exposition au dioxyde de carbone de façon qu'il perde rapidement connaissance;

d) par l'application d'un courant électrique de façon qu'il perde immédiatement connaissance.

Art. 80 Tout instrument ou matériel servant à la contention ou à l'abattage des animaux pour alimentation humaine ou destiné à rendre ces derniers inconscients n'est utilisé que si:

a) l'habileté et la condition physique de l'utilisateur lui permettent de le faire sans causer de souffrances inutiles à l'animal;

b) l'état de l'instrument ou du matériel, ou le mode ou les circonstances d'utilisation de ceux-ci, n'exposent vraisemblablement pas l'animal à des souffrances inutiles.

Règlement sur les aliments (Québec)

R.R.Q., 1981, c. P-29, r. 1

adopté en vertu de la *Loi sur les produits agricoles, les produits marins et les aliments.*

Section 6.3.1 **Normes de construction et d'équipement des abattoirs d'animaux des espèces bovine, chevaline, porcine, ovine ou caprine**

6.3.1.2 **Abattoirs-locaux**

L'abattoir d'animaux des espèces bovine, chevaline, porcine, ovine ou caprine doit comprendre l'implantation sur un même terrain des locaux et emplacements suivants:

a) un local de réception ou enclos pour les animaux;

b) un local d'abattage comprenant une aire d'insensibilisation et de saignée des animaux, ainsi qu'une aire d'habillage et d'éviscération des carcasses.

6.3.1.4 **Superficie de l'enclos d'animaux**

Le local de réception ou enclos pour animaux doit permettre:

a) le séjour du nombre d'animaux à abattre durant la demi-journée de travail correspondant à la moitié du programme journalier;

b) un repos des animaux et une période de jeûne avant l'abattage.

6.3.1.5 Aménagement de l'enclos d'animaux

Ce local doit être distinct et isolé du local d'abattage tout en y étant attenant ou relié par un corridor couvert et il doit comprendre:

d) des stalles munies d'abreuvoirs et de mangeoires;

f) des rampes et des cloisons aménagées de manière à prévenir les chutes et les blessures chez les animaux.

6.3.1.6 Aménagement de l'abattoir

L'abattoir doit répondre aux normes suivantes:

e) il doit être équipé de façon à insensibiliser l'animal avant de le saigner.

Section 6.3.2 Normes de construction et d'équipement des abattoirs de volailles et lapins

6.3.2.3 Convoyeurs distincts

Les installations de l'abattoir de volailles doivent comprendre au moins 2 convoyeurs à vitesse réglable distincts l'un de l'autre et sur lesquels doivent être effectuées respectivement les opérations suivantes: un convoyeur pour l'insensibilisation, la saignée et la plumaison, un second convoyeur pour l'éviscération.

6.3.2.4 Abattoirs locaux

L'abattoir de volailles et de lapins doit comprendre:

a) un local d'attente attenant au local d'abattage.

6.3.2.10 Abattoirs de lapins

À moins d'indication contraire, les règles relatives à l'aménagement et à l'équipement des abattoirs de volailles s'appliquent également aux abattoirs de lapins.

Toutefois, les convoyeurs peuvent être remplacés par des rails aériens sur lesquels seront effectuées les opérations d'insensibilisation, de saignée, de dépouillement et d'éviscération.

Section 6.4.2 Opérations relatives aux abattoirs d'animaux des espèces bovine, chevaline, porcine, ovine et caprine

6.4.2.1 Prestations obligatoires

L'exploitant de l'abattoir d'animaux des espèces bovine, chevaline, porcine, ovine ou caprine est tenu d'assurer les services suivants:

a) la réception et l'entretien des animaux livrés à l'abattoir ainsi que la fourniture de l'eau, des litières et, s'il y a lieu, des fourrages, l'enlèvement et l'évacuation des fumiers et déjections.

6.4.2.2   Contention—insensibilisation— saignée

L'animal doit être insensibilisé avant la saignée conformément aux méthodes prescrites en vertu du *Règlement sur l'abattage sans cruauté* (C.R.C., 1978, c. 937, abrogé par DORS/85-1095 page 4797).

La contention de l'animal doit se faire sans lui causer de meurtrissure.

La saignée doit être pratiquée après l'insensibilisation sauf dans le cas d'un égorgement rituel (Kasher). Dans ce cas un dispositif doit être utilisé de façon à protéger l'animal contre les risques de contusions ou de chute immédiatement avant l'égorgement et pendant l'effusion de sang.

Section 6.4.3   Opérations relatives aux abattoirs de volailles et de lapins

6.4.3.1   Cages et cageots

Les volailles doivent être transportées à l'abattoir dans des cages ou cageots, aménagés de façon à éviter toute blessure aux volailles transportées.

Ces cages ou cageots ne doivent en aucun cas être entreposés dans les locaux où sont préparées ou entreposées les volailles abattues. Ils doivent être nettoyés, lavés et désinfectés avant chaque nouvel emploi.

6.4.3.3 Saignée et plumaison

La saignée, l'échaudage et la plumaison des volailles doivent être effectués dans le local d'abattage.

Ces opérations doivent être exécutées en observant les prescriptions suivantes:

a) les volailles doivent être placées sur le convoyeur ou le rail aérien, immobilisées et insensibilisées;

b) la saignée doit être complète.

Section 6.8 Transport des animaux, des viandes ou des aliments carnés

6.8.1 Animaux — aménagement du véhicule

Le véhicule affecté au transport des animaux destinés à l'abattage doit être aménagé de façon à permettre le chargement et le déchargement des animaux et muni d'un toit fixe ou d'une bâche de toile imperméable.

Le plancher doit être construit de manière à empêcher les animaux de glisser et recouvert, durant la totalité du voyage, d'une couche de sciure de bois ou de paille.

6.8.2   Aération et espace

Le véhicule servant au transport des animaux doit être aéré.

Au cours du transport dans un même véhicule, les grands animaux doivent être séparés des petits animaux.

Si les animaux sont attachés ou liés l'un à l'autre, ils doivent l'être de manière à pouvoir se coucher sans être entassés.

6.8.3   Abreuvement — alimentation — nettoyage

Le transporteur doit abreuver et alimenter, au moins à toutes les douze heures, les animaux confiés à sa garde.

Il doit nettoyer et désinfecter après chaque voyage le véhicule ayant servi au transport des animaux ainsi que le matériel utilisé au chargement.

Section 7.1   Viandes impropres à la consommation humaine

7.1.6   Animal admis à l'atelier d'équarrissage

L'animal admis, reçu ou détenu dans un atelier d'équarrissage, dans ses dépendances ou sur le terrain occupé par cet atelier, pour fins de transformation en viandes impropres à la consommation humaine, DOIT ÊTRE MORT, et il est prohibé à l'exploitant d'y abattre un animal.

Loi sur la protection sanitaire des animaux (Québec)

L.R.Q., c. P-42

Section I De la prévention des maladies chez les animaux

Art. 8 Il est interdit de détenir ou d'exposer pour fin de vente, de mettre en vente ou en dépôt de vendre, de transporter, de faire transporter ou accepter pour transport à un endroit du Québec des animaux en violation de la présente section ou des règlements édictés sous son empire.

Art. 9 Il est interdit de laisser ou faire entrer des animaux au Québec à moins qu'ils ne soient accompagnés d'un certificat du vétérinaire en chef ou autre officier compétent de la province ou du pays d'où viennent ces animaux, attestant qu'ils sont exempts de maladie.

Art. 10 Les foires, expositions et ventes à l'enchère d'animaux ne peuvent avoir lieu que dans des endroits appropriés selon les plans approuvés par le ministre.

Il est interdit d'amener ou faire amener, de recevoir ou de détenir dans les lieux visés à l'alinéa précédent ou de vendre à l'enchère un animal invalide ou incurable ou présentant des symptômes apparents de maladie.

Il est interdit de vendre à l'enchère des animaux qui ne sont pas accompagnés d'un certificat d'un inspecteur attestant qu'ils sont exempts de maladie contagieuse ou parasitaire.

Section II **De la surveillance des étalons**

Art. 15 Depuis le 1er janvier 1920, aucun propriétaire ou possesseur d'étalon ne peut l'offrir ou l'employer pour la monte des juments appartenant à autrui avant de l'avoir présenté à l'inspection et d'avoir obtenu un permis de monte du Comité de Surveillance des Étalons.

Section III **De l'insémination artificielle des animaux**

Art. 24 Nul ne peut prélever du sperme sur un animal, garder en sa possession du sperme d'animal, en livrer à quiconque ou en faire le commerce, ni procéder à l'insémination artificielle d'un animal, s'il ne détient un permis délivré à ces fins par le ministre de l'Agriculture, des Pêcheries et de l'Alimentation.

Section IV **De la vente aux enchères d'animaux vivants**

Art. 31 Nul ne peut exploiter un établissement s'il ne détient un permis délivré à cette fin par le ministre.

Art. 35 Tout permis doit être affiché dans l'établissement à un endroit où il peut être facilement examiné par le public.

Art. 38 Il est interdit d'offrir en vente ou de vendre un animal dans un établissement autrement qu'au moyen de la vente aux enchères.

Art. 40 Il est interdit d'amener, de faire amener, de recevoir ou garder pour fin de vente aux enchères ou de vendre aux enchères un animal dans un endroit autre qu'un établissement exploité par une personne qui détient un permis.

Règlement sur la vente aux enchères d'animaux vivants (Québec)

R.R.Q., 1981, c. P-42, r. 4

adopté en vertu de la *Loi sur la protection sanitaire des animaux.*

§ 1. **Normes de construction et d'équipement**

Art. 19   **Aménagement:** L'établissement doit avoir une alimentation en eau potable, chaude et froide, ainsi qu'un éclairage d'au moins:

   a) 50 décalux à 1 mètre du plancher, dans les emplacements visés aux paragraphes a, b, d et f de l'article 20;

   b) 20 décalux à 1 mètre du plancher, dans les emplacements visés aux paragraphes c, e et g de l'article 20.

Tout enclos doit être aménagé de façon à ce que les animaux puissent se coucher sans être entassés et les grands animaux doivent y être séparés des petits animaux.

Les compartiments et tous les accessoires avec lesquels les animaux pourront prendre contact doivent être aménagés pour prévenir les chutes et les blessures.

Art. 20   **Emplacements obligatoires:** L'établissement, ses dépendances et le terrain

sur lequel ils sont situés doivent comprendre les emplacements suivants:

a) une aire de réception;

b) un enclos d'examen et de retenue;

c) un enclos d'attente avant la vente;

d) une aire de vente;

e) un enclos de séjour avant l'expédition;

f) une aire d'expédition;

g) une aire d'entreposage distincte pour la litière neuve et pour les aliments nécessaires à l'alimentation des animaux séjournant dans l'établissement;

h) une aire de dépôt pour la litière usée aménagée conformément au Règlement sur la prévention de la pollution des eaux par les établissements de production animale (R.R.Q., 1981, c. Q-2, r. 18);

i) un bureau d'inspecteur exclusivement réservé à l'inspecteur; et

j) des lavabos et cabinets d'aisance, distincts pour les 2 sexes, pour le personnel et le public.

Art. 21 Propreté: L'exploitant doit s'assurer que son personnel ainsi que les locaux et le matériel de son établissement sont propres.

Art. 22 Aménagement de l'aire de réception: L'aire de réception doit répondre aux conditions suivantes:

a) elle doit être munie d'un quai en béton à une hauteur minimale de 60 centimètres, conçu de façon à permettre les opérations de déchargement et adapté à tous les genres de véhicules transportant des animaux;

b) la surface du plancher doit être antidérapante;

c) le quai utilisé pour l'arrivée et la sortie des animaux doit être couvert; et

d) elle doit permettre l'examen sommaire des animaux à l'arrivée.

Art. 23 Aménagement de l'enclos d'examen et de retenue: L'enclos d'examen et de retenue est réservé à l'examen et à la retenue de tout animal qui, à son entrée, semble malade ou qui est blessé. Il doit répondre aux exigences de construction prescrites à l'article 24 pour l'enclos d'attente avant la vente.

Art. 24 Aménagement de l'enclos d'attente avant la vente: L'enclos d'attente avant la vente doit permettre de séparer les diverses espèces animales et répondre aux exigences suivantes:

a) le plancher doit être en béton;

b) les murs et les cloisons doivent être exempts d'aspérité.

Art. 25 Aménagement de l'aire de vente: L'aire de vente doit comprendre une balance, une arène de vente et des gradins pour le public.

Art. 26 Aménagement de l'enclos de séjour avant l'expédition: L'enclos de séjour

avant l'expédition doit répondre aux
normes de construction de l'enclos d'attente
avant la vente et être en plus muni d'abreuvoirs et de mangeoires.

Art. 27 **Aménagement de l'aire d'expédition:** L'aire d'expédition doit être aménagée comme l'aire de réception de façon à
permettre les opérations de chargement et
de manipulation des animaux.

Art. 28 **Équipement obligatoire:** L'établissement doit comporter l'équipement suivant:

a) des appareils pour le raclage et la désinfection des surfaces des emplacements visés aux paragraphes a à g de
l'article 20;

b) des appareils pour le nettoyage des véhicules et des équipements qui servent au
transport ou au débarquement des animaux;

c) des sorties de secours, des extincteurs
chimiques de même qu'un éclairage
indiquant les sorties d'urgence;

d) un système de chauffage et de ventilation; et

e) une balance pour la pesée des animaux.

Loi sur la protection de la santé publique **(Québec)**

L.R.Q., c. P-35

Art. 69 **Règlements**

Le gouvernement, en vue de protéger contre les dangers à la santé publique, peut faire des règlements pour:

k) assurer la désinfection des lieux où ont séjourné des personnes ou des animaux atteints de maladies transmissibles à l'homme et interdire la vente des catégories ou espèces d'animaux familiers qu'il indique ou l'assujettir aux conditions et aux contrôles de santé qu'il fixe.

Règlement d'application de la Loi sur la protection de la santé publique (Québec)

R.R.Q., 1981, c. P-35, r. 1

adopté en vertu de la *Loi sur la protection de la santé publique.*

Section III **Relative aux animaux atteints de maladies transmissibles**

CONSEILS DU MINISTÈRE DE L'AGRICULTURE DU CANADA CONCERNANT LA RAGE

Que faire si on soupçonne un animal d'être enragé

Avertir aussitôt la Direction de l'hygiène vétérinaire du ministère de l'Agriculture du Canada. Si l'on ne peut atteindre l'un de ses bureaux, avertir le vétérinaire ou la police. La rage est une maladie qu'IL FAUT SIGNALER en vertu de la loi fédérale.

Lorsqu'une personne est mordue par un chien ou un autre animal soupçonné de rage, faire l'impossible pour le capturer et le renfermer. (Il va sans dire que la victime doit se présenter à l'hôpital le plus rapproché (SQDA)). Il ne faut tuer l'animal que si cela est absolument nécessaire pour l'empêcher de fuir ou s'il présente un danger pour la santé publique. Il faut tâcher de prendre l'animal mordeur afin qu'on puisse déterminer de façon certaine s'il est enragé ou non.

Quand il est nécessaire de tuer un animal pour l'empêcher de fuir, comme dans le cas d'un animal sauvage, ne pas le tirer dans la tête car la cervelle doit être conservée intacte en vue de l'examen en laboratoire. Il faut empêcher les gens ou les autres animaux de venir en contact avec la carcasse ou le sang de l'animal tué.

Pour diagnostiquer la rage chez un animal mort, la tête (cervelle) de cet animal doit être envoyée à un laboratoire fédéral par un vétérinaire du ministère de l'Agriculture du Canada.

PROTECTION DES ANIMAUX DE COMPAGNIE

Dans les régions où la rage existe, faire vacciner les chiens et les chats contre la rage une fois par année. De cette façon la plupart d'entre eux seront protégés, bien qu'une certaine proportion ne sera peut-être pas complètement immunisée par le vaccin.

En ce qui concerne les autres animaux favoris, comme les lapins, les ratons-laveurs et les hamsters, consulter le vétérinaire. *Les vaccins anti-rabiques ne peuvent être employés indifféremment sur toutes les espèces animales.*

Art. 72 Un animal atteint ou vraisemblablement atteint d'une maladie transmissible à l'homme ne peut être donné ou vendu.

Art. 73 Le propriétaire ou toute personne ayant la garde ou la charge d'un animal atteint d'une maladie transmissible à l'homme doit l'isoler dans un local ou un enclos particulier.

Art. 74 Quiconque est entré en contact avec un animal atteint d'une maladie transmissible à l'homme doit changer de vêtements et de chaussures et se laver les mains avant de réintégrer un lieu d'habitation humain.

Pendant la maladie de l'animal, ses restes de nourriture, la litière, les excréments et le sang doivent être brûlés.

Art. 75 Après la guérison ou la mort de l'animal, le local ou l'enclos qu'il occupait ainsi que les objets contaminés doivent être nettoyés et désinfectés.

Art. 76 Si un animal meurt de charbon bactérien, son cadavre doit être incinéré. Si le diagnostic de charbon bactérien a été posé après l'écorchement, la peau doit être retracée, identifiée par le propriétaire de l'animal et incinérée.

S'il est impossible de retracer la peau d'un animal mort de charbon bactérien parmi les autres peaux d'un acheteur ou tanneur, celui-ci doit désinfecter toutes les peaux qu'il possède.

Art. 77 Il doit être disposé de tout animal mort d'une maladie transmissible à l'homme de façon à prévenir la dissémination de l'infection.

Art. 78 Tout animal familier atteint d'une maladie transmissible à l'homme doit être isolé par son propriétaire ou celui qui en a la garde.

Lorsque le propriétaire fait défaut d'isoler l'animal, le chef du département de santé communautaire d'un centre hospitalier peut le faire saisir, isoler, traiter, détruire ou faire détruire.

Le coût de ces opérations doit être défrayé par le propriétaire de l'animal.

Les mesures ordonnées par le chef du département de santé communautaire prennent fin lorsque celui-ci l'ordonne.

Art. 79 Tout importateur, vendeur ou éleveur d'oiseaux aptes à développer la psittacose aviaire ou à devenir porteurs de germes, doit tenir un registre écrit mentionnant la provenance des oiseaux, le nom et l'adresse des acheteurs et la date des transactions.

Avant de vendre un oiseau, il doit obtenir d'un médecin vétérinaire une certification écrite à l'effet que l'oiseau ne souffre pas de psittacose aviaire.

Art. 80 Le propriétaire d'un oiseau atteint de psittacose aviaire doit confier tous ses oiseaux aux soins d'un médecin vétérinaire jusqu'à leur complète guérison ou les détruire.

Art. 81 Nul ne peut vendre ou distribuer des tortues ou des œufs de tortues lorsqu'il y a des raisons de croire qu'ils peuvent constituer un risque de contamination.

Loi sur les abus préjudiciables à l'agriculture (**Québec**)

L.R.Q., c. A-2

Section V **Des chiens** (Obligations des
propriétaires)

Art. 9   **Déclaration**

Sauf dans les territoires non organisés, le
propriétaire, possesseur ou gardien d'un
chien, doit, dans les huit jours de l'acquisi-
tion, le déclarer au secrétaire-trésorier ou
trésorier de la municipalité. (Voir également les règlements municipaux.)

Contenu

La déclaration doit énoncer les nom, prénoms et domicile du détenteur et toutes les
indications requises pour établir l'identité
de chaque chien, de même que tous autres
renseignements pertinents exigés par les
règlements municipaux.

Art. 10   **Permis**

Il est interdit au propriétaire, possesseur
ou gardien d'un chien de le laisser errer
dans le territoire d'une municipalité sans
un permis de cette dernière sous forme d'un
jeton spécial d'identité attaché à ce chien.
Ce permis ne doit être accordé par aucune
municipalité pour un chien vicieux ou dan-
gereux, pouvant étrangler les animaux de
ferme.

Art. 11 **Territoire non organisé**

Il est interdit au propriétaire, possesseur ou gardien d'un chien de le laisser errer dans un territoire non organisé entre le premier mai et le quinze décembre.

Art. 12 **Chien abattu**

Toute personne peut abattre un chien trouvé errant en contravention de l'article 11.

Art. 15 **Responsabilité des municipalités**

Toute corporation municipale est responsable des dommages causés par les chiens aux moutons ou autres animaux de ferme dans son territoire.

L'indemnité est restreinte aux trois quarts des dommages causés, à moins qu'ils ne soient imputables à la négligence de la corporation.

Aucune indemnité n'est due pour les dommages subis par des animaux errant sur la voie publique ou causés par un chien qui appartient au propriétaire ou gardien des animaux blessés ou que ce dernier laisse circuler sur sa ferme.

Art. 22 **Chiens vicieux**

1. Un juge de paix sur plainte à lui faite qu'un chien est vicieux ou supposé attaqué d'hydrophobie, qu'il a l'habitude de courir sur les individus, ou sur les animaux, soit libres, soit attelés hors de la portée de son maître, peut, après avoir entendu les parties d'une manière sommaire, s'il est

convaincu que la plainte est fondée, condamner avec dépens le propriétaire ou le possesseur de ce chien à le faire enfermer pendant 40 jours, ou ordonner que ce chien soit tué.

2.   Si le propriétaire ou possesseur de ce chien le laisse libre, ou ne le tue pas, en contravention avec l'ordre du juge, il encourt une amende qui ne doit pas être plus d'un dollar par jour.

3.   S'il est prouvé que ce chien a mordu quelque individu hors de la propriété de son maître, et qu'il est méchant, le juge de paix doit condamner le propriétaire ou le possesseur à le tuer.

4.   Il est néanmoins permis de tuer un chien quand il n'est pas sur le terrain du maître si ce chien poursuit ou est réputé poursuivre et étrangler les moutons, ou de porter plainte devant un juge de paix qui doit condamner le propriétaire à tuer ce chien et à payer les frais, sur le témoignage d'une personne digne de foi, sans préjudice du droit de réclamer les dommages causés par la perte des moutons.

Loi sur les abeilles (Québec)

L.R.Q., c. A-1

Art. 15 **Arrosage des arbres**

Nul ne peut arroser au pulvérisateur ou autrement, ou saupoudrer un ou des arbres fruitiers, au moyen d'un mélange contenant des composés arsénicaux ou toutes autres substances vénéneuses nuisibles aux abeilles, pendant l'époque où cet ou ces arbres fruitiers sont en floraison.

Art. 17 **Localisation des ruches**

Une ruche contenant une colonie d'abeilles ne peut être laissée sur un terrain que si elle est à 9 m du chemin public ou des habitations voisines dans une municipalité rurale, et à 15 m dans une municipalité de ville ou de village.

Clôtures

La prohibition du présent article ne s'applique pas quand le terrain sur lequel est laissée la ruche est enclos du côté des habitations ou du chemin public, selon le cas, d'une clôture pleine de 2,5 m de hauteur et prolongée à une distance de pas moins de 4,5 m en dehors des limites du rucher.

Règlement sur les réserves de la faune (Canada)

C.R.C. 1978, c. 1609

adopté en vertu de la *Loi sur la Faune du Canada*.

Interprétation

Art. 2   Dans le présent règlement,

« Chasser » comprend le fait de pourchasser, poursuivre, harceler, traquer un animal sauvage, le suivre ou en suivre la piste et être à l'affût en vue de le prendre, y compris le fait de le molester, de le piéger, de tenter de le piéger ou de le tirer, que l'animal soit ou non capturé, abattu ou blessé, à l'instant même ou plus tard; (*hunt*)

« faune » ou « animaux sauvages » désigne tout animal non domestique; (*wildlife*)

Interdictions générales

Art. 3   (1) Sous réserve du paragraphe (2), il est interdit à quiconque se trouve dans une réserve de la faune

a) de chasser ou de pêcher;

b) d'avoir en sa possession un fusil à plomb ou à air comprimé, une fronde, un arc et des flèches, ou tout autre appareil ou instrument qui pourrait être utilisé pour la chasse;

c) d'avoir en sa possession un animal sauvage, des carcasses, des nids, des œufs ou des parties de ces animaux;

d) de couper, de tailler, d'arracher ou d'endommager délibérément la végétation;

e) de se livrer à des activités agricoles, d'y faire brouter du bétail ou d'y récolter tout produit de la terre, naturel ou cultivé;

f) de laisser un animal domestique en liberté;

i) d'abattre un animal sauvage, de détruire ou de déranger des carcasses, des nids ou des œufs d'animaux sauvages.

Pouvoirs des fonctionnaires de réserve de la faune

Art. 9   Pour les fins de la Loi et du présent règlement, le fonctionnaire de réserve de la faune détient les pouvoirs d'un agent de police.

Art. 10   (1) Un fonctionnaire de réserve de la faune peut, sans mandat de perquisition

a) arrêter un bateau, un aéronef ou tout autre véhicule, y monter et le fouiller;

b) pénétrer dans n'importe quel établissement; et

  c) ouvrir et inspecter tout coffre, toute boîte, tout sac, tout colis ou autre contenant;

s'il a des raisons valables et plausibles de croire qu'ils contiennent un article ou objet entrant en contravention avec la Loi ou le présent règlement.

(2) Lorsqu'un fonctionnaire de réserve de la faune a des raisons valables de croire

  a) qu'un article ou un objet est ou a été utilisé en contravention de la Loi ou du présent règlement; ou

  b) qu'un article ou un objet est ou a été illégalement pris, capturé ou détenu;

il peut saisir cet article ou cet objet.

Loi sur la conservation de la faune (Québec)

L.R.Q., c. C-61

Art. 27 Auto-défense

Une personne peut en tout temps, même si elle ne détient pas de permis, tuer un animal qui l'attaque ou cause du dommage à ses biens.

Déclaration sous serment

Quiconque tue un animal accidentellement ou dans un cas prévu au premier alinéa doit, sans délai, remettre cet animal à un agent de conservation et produire une déclaration sous serment suivant la formule prescrite par les règlements. L'animal ainsi tué est confisqué et il en est disposé conformément aux règlements.

Animal blessé ou malade

Toutefois, tout agent de conservation peut abattre un animal grièvement blessé ou malade, ou pouvant mettre en danger la vie ou la sécurité des gens. De même, le ministre ou toute personne autorisée par lui peut permettre à tout employé de détruire un animal nuisible par tout moyen approprié.

Art. 30 **Actes prohibés**

Il est interdit:

a) de déranger ou détruire le nid ou les œufs d'un oiseau sauvage;

b) d'endommager ou détruire la tanière d'un animal;

c) d'ouvrir la tanière d'un rat musqué pour y installer un piège sans la refermer immédiatement;

d) (*paragraphe remplacé*);

e) (*paragraphe remplacé*).

Section VII **Animaux gardés en captivité**

Art. 40 **Permis de captivité**

Nul ne peut capturer un animal ou le garder en captivité s'il ne détient un permis délivré à cette fin.

Loi sur la conservation et la mise en valeur de la faune (Québec)

L.R.Q., c. C-61.1

CHAPITRE I
DÉFINITIONS

Art. 1   **Interprétation**

Dans la présente loi, à moins que le contexte n'indique un sens différent, on entend par:

« animal »

« animal »: tout mammifère, oiseau, amphibien ou reptile, d'un genre, d'une espèce ou d'une sous-espèce qui se reproduit à l'état sauvage au Québec ou ailleurs et qui origine d'une lignée non sélectionnée par l'homme, ou qui se distingue difficilement d'une espèce sauvage par sa taille, sa couleur ou sa forme, qu'il soit né ou gardé en captivité ou non;

« chasser »

« chasser »: pourchasser un animal, le poursuivre, le harceler, le traquer, le mutiler, l'appeler, le suivre, être à son affût, le localiser, ou tenter de le faire, tout en étant en possession d'une arme, ou tirer cet animal, le tuer, le capturer, ou tenter de le faire, à l'exception de le piéger;

« espèce menacée ou vulnérable »

« espèce menacée ou vulnérable » : une espèce faunique désignée en vertu de la Loi sur les espèces menacées ou vulnérables (1989, chapitre 37) ;

« établissement piscicole »

« établissement piscicole » : un établissement au sens de l'article 12 de la Loi sur les pêcheries et l'aquaculture commerciales (chapitre P-9.01) ;

« étang d'élevage »

« étang d'élevage » : une étendue d'eau utilisée pour l'élevage de poissons à des fins non commerciales en vue du repeuplement ;

« étang de pêche »

« étang de pêche » : une étendue d'eau d'une superficie de moins de 10 hectares contenant exclusivement des poissons d'élevage, fermée de tous côtés de façon à garder le poisson captif, située sur une propriété privée et utilisée pour la pêche à la ligne ;

« fourrure »

« fourrure » : celle qui provient d'un animal déterminé par règlement comme animal à fourrure ;

« gros gibier »

« gros gibier » : l'orignal, l'ours, le cerf de Virginie, le caribou et le bœuf musqué, y compris leur genre, leur espèce et leur sous-espèce ;

« nuit »

« nuit » : la période de temps entre une demi-heure après le coucher du soleil et une demi-heure avant son lever ;

« piéger »

« piéger » : capturer à l'aide d'un piège un animal à fourrure ou tenter de le faire ;

« poisson »

« poisson » : tout poisson, les œufs, et les produits sexuels d'un tel poisson, tout mollusque ou tout crustacé ;

« ravage »

« ravage » : habitat utilisé pendant l'hiver par du gros gibier, à l'exception de l'ours noir et de l'ours blanc ;

« résident »

« résident » : une personne domiciliée au Québec et y ayant demeuré ordinairement durant la période de douze mois consécutifs précédant ses activités de pêche, de chasse, de piégeage ou sa demande d'un permis ;

« véhicule »

« véhicule » : tout moyen de transport terrestre motorisé qui peut transporter une personne ou un bien, le tirer ou le pousser à l'exception d'un véhicule utilisé comme résidence et immobilisé de façon permanente et d'un véhicule de chemin de fer fonctionnant uniquement sur rails ;

« vendre »

« vendre » : céder ou offrir de céder, troquer, procurer à une personne ou de permettre qu'elle se procure un animal, de la fourrure, du poisson, moyennant un avantage promis ou obtenu.

Art. 1.1   Dans le cas d'un animal d'une espèce menacée ou vulnérable, on entend également par « animal » tout invertébré autre qu'un mollusque ou un crustacé.

Dans le cas d'un animal ou d'un poisson d'une espèce menacée ou vulnérable, on assimile également à une espèce une population géographiquement isolée, une race ou une variété.

Art. 5   Fonctions de l'agent

Un agent de conservation de la faune et un fonctionnaire qui gère directement le travail d'un tel agent, ont en particulier pour fonction de veiller à l'application :

1° de la présente loi et de ses règlements.

Art. 6   Agents de la paix

Aux fins de l'exercice des fonctions prévues à l'article 5, l'agent de conservation de la faune et le fonctionnaire qui gère directement le travail d'un tel agent sont agents de la paix.

Art. 7 Agents de conservation d'office

Aux fins de l'application de la présente loi, tout membre de la Sûreté du Québec et le fonctionnaire qui gère directement le travail d'un agent de conservation de la faune sont d'office agents de conservation de la faune.

Art. 8 Auxiliaires de conservation

Le ministre peut nommer des auxiliaires de la conservation de la faune pour assister les agents de conservation de la faune dans l'exercice de leurs fonctions et en particulier, pour veiller à l'application:

1° de la présente loi et de ses règlements.

Art. 13 Pouvoirs

Un agent de conservation de la faune ou un auxiliaire de la conservation de la faune peut, dans l'exercice de ses fonctions entrer et passer sur un terrain privé; il doit s'identifier sur demande.

Art. 13.1 Inspection

Un agent de conservation de la faune peut, à toute heure raisonnable, pénétrer dans tout véhicule, embarcation, ou aéronef ou dans un endroit autre qu'une maison d'habitation où il a des motifs raisonnables de croire à la présence d'un animal, de fourrure, d'un objet pouvant servir à chasser ou piéger un animal ou de documents afférents à l'application de la présente loi et de ses règlements ou d'une autre loi ou règlement qu'il est chargé d'appliquer, en vue d'en faire l'inspection.

Saisie

Il peut, dans l'exercice de ses pouvoirs d'inspection, effectuer une saisie conformément à l'article 16.

Indentification

Il doit, sur demande, s'identifier et exhiber un certificat attestant sa qualité.

« maison d'habitation »

Dans le présent article, on entend par « maison d'habitation » un bâtiment, une construction ou une partie de l'un d'eux tenu ou occupé comme résidence permanente ou temporaire ainsi qu'un bâtiment, une construction ou partie de l'un d'eux qui y est relié par une baie de porte ou par un passage couvert et clos.

Art. 14 Arrêt sans mandat

Un agent de conservation de la faune peut, sans mandat, arrêter une personne s'il la trouve en train de commettre une infraction ou s'il a des motifs raisonnables et probables de croire qu'elle est sur le point de commettre ou a commis une infraction à la présente loi ou à ses règlements ou à une autre loi ou règlement qu'il est chargé d'appliquer.

Art. 15 **Mandat requis**

Un agent de conservation de la faune ou un auxiliaire de la conservation de la faune peut, s'il y est autorisé par un mandat décerné par un juge de paix, entrer et perquisitionner dans un lieu, y compris dans un véhicule, une embarcation ou un aéronef, et ouvrir ou faire ouvrir un réceptacle, s'il a des motifs raisonnables et probables de croire qu'il s'y trouve :

1° un animal, du poisson ou de la fourrure détenu contrairement à la présente loi ou à ses règlements ou à une autre loi ou règlement qu'il est chargé d'appliquer ;

2° un objet, un animal, du poisson ou un chien qui a servi à commettre une infraction à la présente loi ou à ses règlements ou à une autre loi ou règlement qu'il est chargé d'appliquer ;

3° quelque chose qui peut contribuer, pour des motifs raisonnables et probables, à faire la preuve de la perpétration d'une infraction à la présente loi ou à ses règlements ou à une autre loi ou règlement qu'il est chargé d'appliquer.

Conditions d'obtention du mandat

Un juge de paix peut décerner un mandat aux conditions qu'il y indique s'il est convaincu, sur la foi d'une déclaration sous serment de l'agent ou de l'auxiliaire, qu'il existe des motifs raisonnables et probables de croire qu'une telle infraction est ou a été commise et qu'un animal, du poisson, un chien, de la fourrure ou un objet visé au paragraphe 1°, 2° ou 3° du premier alinéa se trouve dans le lieu ou le réceptacle visé à cet alinéa.

Remise au juge

Ce mandat doit être rapporté au juge qui l'a décerné, qu'il ait été exécuté ou non, dans les 15 jours de sa délivrance.

Art. 15.1   **Urgence**

Un agent de conservation de la faune ou un auxiliaire de la conservation de la faune peut exercer sans mandat les pouvoirs qui lui sont conférés à l'article 15, si les conditions de délivrance du mandat sont remplies et si le délai pour l'obtenir, compte tenu de l'urgence de la situation, risque de mettre en danger la santé des personnes ou des animaux ou la sécurité des personnes, des animaux ou des biens ou d'entraîner la perte, la disparition ou la destruction d'un élément de preuve.

Art. 16   **Saisie sans mandat**

Un agent de conservation de la faune ou un auxiliaire de la conservation de la faune peut, sans mandat, saisir un animal, du poisson, de la fourrure, à l'égard duquel il a des motifs raisonnables et probables de croire qu'une infraction à la présente loi ou à ses règlements ou à une autre loi ou règlement qu'il est chargé d'appliquer a été commise ou qu'il a servi à commettre une telle infraction.

Saisie sans mandat

Un agent de conservation de la faune peut, en outre, sans mandat, saisir tout véhicule, aéronef, embarcation, chien ou objet, lorsqu'il a des motifs raisonnables et probables de croire qu'il a servi à commettre une infraction à la présente loi ou à ses règlements ou à une autre loi ou règlement qu'il est chargé d'appliquer.

Saisie sans mandat

Un agent de conservation de la faune peut également, sans mandat, saisir toute chose lorsqu'il a des motifs raisonnables et probables de croire qu'elle peut servir à prouver qu'a été commise une infraction à la présente loi ou à ses règlements ou à une autre loi ou règlement qu'il est chargé d'appliquer.

Remise de l'animal saisi

L'auxiliaire de la conservation de la faune qui a effectué une saisie en vertu du premier alinéa doit remettre cet animal, ce poisson ou cette fourrure à un agent de conservation de la faune.

Art. 20 Confiscation

Un bien saisi par un agent de conservation de la faune ou par un auxiliaire de la conservation de la faune et dont le propriétaire est inconnu, est confisqué après les 60 jours qui suivent la date de la saisie et il en est disposé de la manière prescrite par règlement.

SECTION I

DISPOSITIONS GÉNÉRALES

Art. 25 **Présomption**

Tout animal chassé, piégé ou acquis, tout poisson pêché ou acquis ou toute fourrure acquise et trouvée en la possession d'une personne est présumé avoir été chassé, piégé, pêché ou acquis, selon le cas, au Québec à moins qu'elle ne prouve le contraire.

Art. 26 **Œufs, nid, tanière**

Nul ne peut déranger, détruire ou endommager les œufs, le nid ou la tanière d'un animal déterminé par règlement.

Exception

Toutefois, une personne peut déroger au premier alinéa si elle se conforme aux conditions déterminées par règlement.

Art. 27 **Véhicule, aéronef, embarcation**

Nul ne peut pourchasser, mutiler ou tuer volontairement un animal avec un véhicule, un aéronef ou une embarcation motorisée.

Art. 28 **Gros gibier**

Nul ne peut chasser ou déranger le gros gibier dans son ravage, sauf dans les cas prévus par règlement.

Art. 30   Interdiction de piéger un animal

Nul ne peut chasser ou piéger un animal déterminé par règlement ou tenter de le faire à l'aide d'un objet, d'un animal, d'un animal domestique ou d'un chien, autres que ceux déterminés par règlement.

Art. 30.1   Chasse de nuit interdite

Nul ne peut chasser le gros gibier la nuit avec un projecteur.

Présomption

Une personne en possession la nuit d'un projecteur et d'une arme à feu, d'une arbalète ou d'un arc dans un endroit fréquenté par le gros gibier est, en l'absence de toute preuve contraire, présumée être en possession de ce projecteur et cette arme, cette arbalète ou cet arc pour chasser.

« nuit »

Aux fins de la présomption prévue au deuxième alinéa, la nuit est la période de temps entre une heure et demie après le coucher du soleil et une heure et demie avant son lever.

Art. 30.2   Utilisation d'un projecteur

Nul ne peut utiliser un projecteur la nuit pour déceler la présence d'un animal dans un endroit fréquenté par le gros gibier.

Art. 31   Usage d'un dispositif

Nul ne peut faire usage d'un dispositif qui relie une arme à feu, un arc ou une arbalète à un mécanisme qui peut en provoquer la décharge ou la détente, sans que la personne ne l'actionne elle-même.

Art. 32 **Usage de poison**

Nul ne peut utiliser un poison, un explosif, une substance délétère ou une décharge électrique pour chasser ou piéger.

Art. 33 **Chasse interdite**

Nul ne peut chasser alors qu'il est sous l'influence d'une boisson alcoolique au sens de la Loi sur les infractions en matière de boissons alcooliques (chapitre I-8.1).

Art. 34 **Quantité permise**

Nul ne peut tuer ou capturer des animaux au-delà de la quantité déterminée par règlement.

Art. 35 **Capture d'un animal**

Le fait de tuer ou de capturer un animal conformément aux articles 24, 42, 43, 47, 67 ou 68 ne constitue pas de la chasse ou du piégeage.

SECTION III
CHASSE ET PIÉGEAGE

Art. 56 **Interdiction**

La chasse et le piégeage d'un animal sont interdits.

Exception

Toutefois, le gouvernement peut, par règlement, les permettre aux conditions et pour tout animal ou celui d'une catégorie d'animaux qu'il indique.

Contenu du règlement

Ce règlement peut en outre déterminer:

1° en fonction de son sexe, tout animal ou celui d'une catégorie d'animaux qui peut être chassé;

2° la période de l'année, de la journée ou de la nuit pendant laquelle il peut être chassé ou piégé;

3° le territoire ou la zone où il peut être chassé ou piégé;

4° la catégorie d'armes ou de pièges qui peut être employée; et

5° en fonction de son âge, tout animal ou celui d'une catégorie d'animaux qui peut être chassé.

Art. 57 Interdiction à bord d'un véhicule

Nul ne peut prendre place à bord d'un véhicule, y compris un véhicule fonctionnant uniquement sur rails, ou un aéronef et:

1° être en possession d'une arbalète armée ou d'une arme à feu contenant une cartouche non percutée, placée dans la chambre, le chargeur ou le magasin lorsque ce dernier est attaché à l'arme ou, dans le cas d'une arme à chargement par la bouche, contenant de la poudre et un projectile dans la chambre et une amorce sur la cheminée ou de la poudre dans le bassinet;

2° tirer avec une arme à feu, un arc ou une arbalète à partir de ce véhicule ou de cet aéronef; ou

3° être en possession la nuit d'une arme à feu non chargée, d'un arc ou d'une arbalète non armée, sauf si cette arme à feu, cet arc ou cette arbalète est inséré dans un étui fermé ou déposé dans le coffre du véhicule ou dans la soute de l'aéronef.

Exception

Le premier alinéa ne s'applique pas à une personne qui, en raison de son emploi ou de ses fonctions, est autorisée en vertu de la loi à être en possession d'une arme à feu.

Art. 59 Chair comestible abandonnée

Nul ne peut abandonner la chair comestible d'un gros gibier qu'il a tué à la chasse à l'exception de la chair d'ours.

Art. 60 Capture de gros gibier

Nul ne peut, par un moyen capable de retenir du gros gibier, en capturer, en tuer ou tenter de le faire, à l'exception de l'ours.

Art. 61 Chien errant

Nul ne peut laisser errer un chien dont il est le propriétaire ou le gardien dans un endroit où l'on trouve du gros gibier.

Loi sur les parcs nationaux (Canada)

L.R.C. (1985), ch. N-14

Art. 7   **Règlements**

(1)   Le gouverneur en conseil peut prendre les règlements qu'il juge utiles pour:

    c) la protection de la faune et la destruction ou l'enlèvement des animaux sauvages dangereux ou en surnombre, ainsi que la capture d'animaux sauvages à des fins scientifiques et de reproduction;

    jj) la réglementation des animaux domestiques amenés dans les parcs ainsi que la destruction ou la mise en fourrière de ceux qui y errent.

Peines et procédure

Art. 8   **Infraction et peine**

(1)   Sous réserve des paragraphes (1.1) et (1.2), quiconque contrevient à la présente loi ou à ses règlements commet une infraction et encourt, sur déclaration de culpabilité par procédure sommaire, une amende maximale de deux mille dollars ou le montant moindre réglementaire prévu dans le cas d'infraction à un règlement.

(1.1)   **Braconnage: animaux sauvages en voie de disparition**

Quiconque chasse, dérange, garde en captivité ou a en sa possession, dans un parc, un animal sauvage dont l'espèce est mentionnée dans la partie I de l'annexe II, ou a en sa possession un tel animal tué ou pris dans un parc, commet une infraction et encourt, sur déclaration de culpabilité:

a) par procédure sommaire, une amende maximale de cent cinquante mille dollars;

b) par mise en accusation, une amende maximale de cent cinquante mille dollars et un emprisonnement maximal de six mois, ou l'une de ces peines.

(1.2)   **Braconnage: animaux sauvages protégés**

Quiconque chasse, dérange, garde en captivité ou a en sa possession, dans un parc, un animal sauvage dont l'espèce est mentionnée dans la partie II de l'annexe II, ou a en sa possession un tel animal tué ou pris dans un parc, commet une infraction et encourt, sur déclaration de culpabilité:

a) par procédure sommaire, une amende maximale de dix mille dollars;

b) par mise en accusation, une amende maximale de dix mille dollars et un emprisonnement maximal de six mois, ou l'une de ces peines.

(1.3)   **Définitions**

Les définitions qui suivent s'appliquent aux paragraphes (1.1) et (1.2).

« animal sauvage »
"wildlife"

« animal sauvage » Y sont assimilés les œufs et toute partie d'un tel animal.

« chasser »
"hunt"

« chasser » Acte de tuer, blesser ou capturer, notamment par piège, un animal sauvage ainsi que toute tentative à cet effet y compris traquer un tel animal ou se tenir à l'affût avec une arme.

Règlement sur les animaux domestiques dans les parcs nationaux (Canada)

DORS/81-402, (1981) 115 Gaz. Can., Partie II, 1543

adopté en vertu de la *Loi sur les parcs nationaux*.

Définitions

Art. 2   Dans le présent règlement,

« animal domestique » signifie un vertébré dont l'espèce a été domestiquée par l'homme, qui vit et se reproduit dans des conditions fixées par l'homme et dépend de celui-ci pour sa survivance ; (*domestic animal*)

« garder », dans le cas d'un animal domestique, signifie, avoir en sa possession, héberger ou entretenir un animal domestique, ou être propriétaire ou en avoir la responsabilité ou la garde ; (*keep*)

« gardien » d'un animal domestique désigne la personne qui garde l'animal ou, si cette personne est âgée de moins de dix-huit ans, le parent ou l'adulte qui est responsable d'elle ; (*keeper*)

« parc » désigne un parc national du Canada ; (*park*)

Animaux malades

Art. 5 (1) Le surintendant peut exiger que le gardien d'un animal domestique lui fournisse une preuve, qu'il juge satisfaisante, du bon état de santé de l'animal, ainsi qu'un certificat d'un médecin vétérinaire ou une autre preuve établissant que l'animal a été vacciné contre la rage ou une autre maladie, dans les cas où une telle vaccination est prescrite par les lois de la province où se trouve le parc.

(2) Le surintendant peut refuser de délivrer un permis si le gardien ne lui fournit pas les preuves visées au paragraphe (1).

(3) Le surintendant peut ordonner que l'animal domestique soit sorti du parc si le gardien ne produit pas les preuves visées au paragraphe (1) dans les sept jours après qu'on les lui a demandées.

Art. 6 (1) Le gardien d'un animal domestique doit, dans un parc, retenir cet animal par un moyen quelconque.

(2) Le gardien d'un animal domestique doit s'assurer que ce dernier

a) ne pourchasse ni ne moleste les animaux sauvages ;

b) ne nuit pas aux personnes, à la faune, aux biens ou aux installations qui se trouvent dans le parc, ni n'incommode exagérément l'entourage;

c) ne blesse des personnes ou un autre animal domestique se trouvant à l'intérieur du parc; ou

d) n'est atteint d'aucune maladie infectieuse ou présentant un danger pour les humains, les autres animaux domestiques ou la faune.

(3)   Aux fins du paragraphe (1), «retenir par un moyen quelconque» signifie

a) retenir par une laisse d'au plus 3 m; ou

b) garder dans

(i) un contenant,

(ii) un enclos, ou

(iii) un véhicule automobile.

Art. 7   (1) Le surintendant peut ordonner au gardien d'un animal domestique de le faire sortir du parc si

a) l'animal a mordu ou a blessé, ou a tenté de mordre ou de blesser, une personne ou un autre animal domestique; ou

b) le surintendant est d'avis

(i) que l'animal présente un danger pour les personnes, ou

(ii) que l'animal est atteint d'une maladie infectieuse ou présentant un danger pour les humains, les autres animaux domestiques ou la faune.

(2) Sous réserve du paragraphe (3), un animal domestique qui a été sorti d'un parc sur l'ordre du surintendant ne peut être ramené sans un nouveau permis.

(3) Dans le cas d'un animal domestique malade, le surintendant ne délivre pas de nouveau permis tant qu'il n'a pas reçu un certificat d'un vétérinaire attestant que l'animal a recouvré la santé.

Art. 8 Il est interdit de garder un animal domestique dans un parc ou de permettre qu'il y reste pendant plus de 24 heures après avoir reçu l'ordre, conformément au paragraphe 7(1), de l'en faire sortir.

Mise en fourrière et destruction des animaux

Art. 9 (1) Un gardien de parc, un agent de la paix ou un fonctionnaire de parc peut mettre en fourrière un animal domestique qui

a) erre librement dans le parc;

b) est amené ou gardé dans le parc dans des conditions qui sont contraires au présent règlement; ou

c) constitue une cause de troubles ou une menace pour les résidents ou les visiteurs du parc ou pour les biens ou les installations s'y trouvant, ou qui incommode exagérément l'entourage.

(2) Un gardien de parc peut tuer un animal domestique

a) qui pourchasse ou moleste les animaux sauvages; ou

b) qui erre dans le parc et qu'il a tenté en vain d'attraper.

(3)   Lorsqu'un gardien de parc, un agent de la paix ou un fonctionnaire de parc met en fourrière ou tue un animal domestique conformément au paragraphe (1) ou (2), il doit immédiatement en aviser le propriétaire s'il peut facilement l'identifier.

(4)   Un gardien de parc peut abattre un animal domestique ou se défaire d'un animal domestique

a) qui a été mis en fourrière et qui n'a pas été réclamé par son propriétaire dans les trois jours après que celui-ci a été avisé de sa mise en fourrière;

b) dont le propriétaire ne peut être identifié, dans les trois jours qui suivent la mise en fourrière; ou

c) qui a été confisqué au profit de Sa Majesté, conformément au paragraphe 8(3) de la *Loi sur les parcs nationaux.*

Art. 10   Il est interdit de retirer un animal de la fourrière sans avoir au préalable payé l'amende et les frais de garde établis à l'annexe II.

Art. 11   Le gardien d'un animal domestique ou le détenteur d'un permis de garde d'un animal domestique doit, à la demande d'un agent de la paix, l'aider à capturer l'animal.

Règlement sur la pêche dans les parcs nationaux (Canada)

C.R.C. 1978, c. 1120

adopté en vertu de la *Loi sur les parcs nationaux.*

Interprétation

Art. 2   Dans le présent règlement,

« gaffeau » désigne un crochet attaché à l'extrémité d'une baguette ou d'une perche et destiné à sortir un poisson de l'eau ou à le transpercer en n'importe quelle partie du corps; (*gaff-hook*)

« hameçon illicite » signifie un hameçon attaché à une ligne et manipulé de manière à percer un poisson ailleurs que par la bouche; (*foul hooking*)

« serre-queue » désigne tout fil, ficelle ou corde fixé à une baguette ou à une perche pour former un lacet ou une attrappe dans le but de sortir un poisson de l'eau; (*tailer*)

Interdictions

Art. 16   Il est interdit de pêcher dans les eaux d'un parc avec un hameçon illicite.

Art. 19

(2)   Il est interdit d'utiliser ou d'avoir en sa possession un gaffeau ou un serre-queue dans un parc.

Art. 24   (1) Il est interdit d'utiliser comme appât ou d'avoir en sa possession dans un parc des œufs fécondés de poisson ou des vairons vivants.

(2)   Il est interdit d'utiliser comme appât ou d'avoir en sa possession en vue de les utiliser comme appât, vifs ou morts, des carpes, vairons, cyprins-sucets ou perches, ou l'une de leurs parties

a)   dans les parcs nationaux de Jasper, de Banff, des lacs Waterton, Yoho, de Kootenay, Glacier, de Mount Revelstoke, de Prince-Albert, de Riding Mountain et de Wood Buffalo;

b)   dans l'étendue de terrain située aux limites ouest et sud du territoire du Yukon, mise à part par proclamation à titre de réserve pour un parc national du Canada et décrite à la Partie 1 de l'annexe V de la *Loi modifiant la Loi sur les parcs nationaux*, chapitre 11 des Statuts du Canada de 1974; ou

c)   dans l'étendue de terrain en bordure de la rivière Nahanni-Sud, dans les territoires du Nord-Ouest, mise à part par proclamation à titre de réserve pour un parc national du Canada et décrite à la

Partie II de l'annexe V de la *Loi modifiant la Loi sur les parcs nationaux*, chapitre 11 des Statuts du Canada de 1974.

(3) Il est interdit d'utiliser comme appât ou d'avoir en sa possession dans les parcs nationaux de Forillon, Wood Buffalo ou Prince-Albert des œufs morts de poisson ou des vairons morts.

(4) Il est interdit, dans les parcs nationaux Forillon et La Mauricie, d'utiliser comme appât ou d'avoir en sa possession en vue de les utiliser comme appât, des poissons ou des parties de poisson.

Art. 26 Sous réserve du paragraphe (2), il est interdit de déposer, dans les eaux d'un parc, de la viande, des os, des poissons morts ou des déchets de poisson, du grain ou de la nourriture pour les poissons, notamment des produits secs.

(2) Le directeur de parc peut désigner les eaux, dans le parc, où il est permis de déposer les déchets des poissons capturés dans ces eaux.

Art. 28 (1) Sous réserve du paragraphe (2), il est interdit à quiconque est en train de pêcher, de se baigner ou de plonger dans les eaux d'un parc, d'avoir en sa possession une foène, un fusil sous-marin ou des accessoires de pêche sous-marine.

(2) Une personne en train de faire de la plongée dans les eaux d'un parc peut avoir en

sa possession des accessoires sous-marins propres à faciliter la plongée.

Art. 29 Sauf autorisation d'un directeur, il est interdit d'obstruer ou de modifier les eaux d'un parc de manière à empêcher, encombrer ou rediriger le libre passage du poisson.

Art. 30 Sauf autorisaton du directeur, il est interdit de vendre, d'offrir en vente, d'échanger ou de troquer du poisson pris dans les eaux d'un parc.

Art. 31 Il est interdit à quiconque a pris un poisson propre à la consommation humaine dans les eaux d'un parc de laisser ce poisson se gâter ou se perdre de quelque façon.

Art. 31.1 Il est interdit de harceler, de déranger ou de faire fuir ou de tenter de harceler, de déranger ou de faire fuir le poisson en lançant des pierres ou de toute autre façon autre que la pêche dans les eaux des parcs.

Loi sur la convention concernant les oiseaux migrateurs (Canada)

L.R.C. (1985), ch. M-7

DÉFINITIONS

Art. 2   **Définitions**

Les définitions qui suivent s'appliquent à la présente loi.

> **«oiseaux migrateurs considérés comme gibier»**
> **"migratory game..."**

«oiseaux migrateurs considérés comme gibier»

a) Les anatidés ou volailles aquatiques, y compris la bernache, le canard sauvage, l'oie sauvage et le cygne;

b) les gruidés ou les grues, y compris la petite grue brune, la grue canadienne et la grue blanche d'Amérique;

c) les rallidés ou râles, y compris la foulque d'Amérique (poule d'eau), la gallinule et le sora et autres râles;

d) les limicolés ou oiseaux des rivages, y compris les suivants: avocette américaine, courlis, bécasseau à long bec, barge, bécasseau à poitrine rousse, huîtrier américain, phalarope, pluvier, maubèche, bécassine, échasse, échassier du ressac, tourne-pierre, chevalier semi-palmé, bécasse et chevalier à pattes jaunes;

e) les colombidés ou pigeons, y compris la tourterelle et le pigeon sauvage.

« oiseaux migrateurs insectivores »
"migratory insectivorous"

« oiseaux migrateurs insectivores » Goglu, moqueur-chat, mésange, coucou, pic doré, moucherolle, gros-bec, colibri, roitelet, hirondelle pourprée, sturnelle, engoulevent, sittelle, oriole, merle d'Amérique, pie-grièche, hirondelle, martinet, tangara, mésange huppée, grive, viréo, fauvette, jaseur, engoulevent bois-pourri, pic et troglodyte et tous les autres oiseaux percheurs qui se nourissent entièrement ou principalement d'insectes.

« oiseaux migrateurs non considérés comme gibier »
"migratory nongame..."

« oiseaux migrateurs non considérés comme gibier » Les oiseaux suivants: pingouin, alque, butor, fulmar, fou de Bassan, grèbe, guillemot, goéland, héron, labbe, huard, marmette, pétrel, macareux, puffin et sterne.

« temps prohibé »
"close..."

« temps prohibé » Période pendant laquelle toute espèce d'oiseaux migrateurs — considérés comme gibier, insectivores ou non considérés comme gibier — est protégée par la présente loi ou par ses règlements.

INTERDICTION

Art. 5 **Achat, vente et possession en temps prohibé**

Nul ne peut, sans excuse valable, dont la preuve lui incombe, acheter, vendre ni avoir en sa possession tout ou partie d'un oiseau migrateur — considéré comme gibier, insectivore ou non considéré comme gibier —, d'un nid ou d'un œuf de cet oiseau pendant la période au cours de laquelle la présente loi interdit de tuer, capturer ou prendre l'oiseau ou d'enlever son nid ou ses œufs.

Art. 9 **Entrave**

Il est interdit d'attaquer un garde-chasse ou un agent de la paix qui agit dans l'exercice des fonctions que lui confèrent la présente loi ou ses règlements, ou de gêner ou d'entraver son action.

Règlement sur les oiseaux migrateurs (Canada)

C.R.C. 1978, c. 1035

adopté en vertu de la *Loi sur la convention concernant les oiseaux migrateurs.*

Interprétation

Art. 2   (1) Dans le présent règlement

« appât » désigne une céréale cultivée (maïs, blé, avoine ou autre) un produit de céréale cultivée, ou un produit ou une substance manufacturés, qui sont susceptibles d'attirer les oiseaux migrateurs considérés comme gibier, et comprend le maïs en matière plastique et toute autre céréale artificielle ; (*bait*)

« chasser » signifie pourchasser, poursuivre, harceler, traquer, suivre un oiseau migrateur, en suivre la piste ou être à son affût, et encore, le molester, le piéger ou tenter de le faire ou encore, tirer dessus, que l'oiseau soit ou non capturé, abattu ou blessé, à l'instant même ou ultérieurement : (*hunt*)

« oiseaux migrateurs » ou « oiseaux » se dit des oiseaux migrateurs considérés comme gibier, des oiseaux insectivores migrateurs et des oiseaux migrateurs non considérés comme gibier, tels que la Loi les définit, et comprend les oiseaux élevés en captivité qui se distinguent difficilement des oiseaux migrateurs sauvages par leur taille, leur forme ou leur plumage, ou une ou plusieurs parties de ces oiseaux; (*migratory birds* ou *birds*)

Restrictions générales

Art. 6   Il est interdit

a) de déranger, de détruire ou de prendre un nid, un abri à nid, un abri à eider, une cabane à canard ou un œuf d'un oiseau migrateur; ou

b) d'avoir en sa possession un oiseau migrateur vivant, ou la carcasse, la peau, le nid ou les œufs d'un oiseau migrateur;

à moins d'être le titulaire d'un permis délivré à cette fin.

Achat ou vente

Art. 12   (1) Il est interdit, en tout temps et partout au Canada, de vendre, de mettre en vente, d'offrir en vente, d'échanger, de troquer ou d'acheter des oiseaux migrateurs, leurs œufs, nids, carcasses ou peaux, sauf dans les cas où le permet le présent règlement.

(2)   Le paragraphe (1) ne s'applique pas à quiconque agit en vertu d'un permis spécial délivré par écrit par le ministre.

Expédition

Art. 13   (1) Il est interdit d'expédier, de transporter ou d'offrir pour expédition ou transport un colis ou un contenant quelconque qui renferme un oiseau migrateur, un nid ou un œuf d'un tel oiseau, à moins que ne soient nettement marqués sur la surface extérieure du colis ou du contenant, le nom et l'adresse de l'expéditeur, le numéro du permis autorisant la capture des oiseaux, des nids ou des œufs et une déclaration exacte du contenu du colis ou contenant.

(3)   Il est interdit de faire, de quelque façon que ce soit, entre le Canada et les États-Unis, le commerce d'oiseaux migrateurs, ou de leurs nids ou œufs capturés, tués, pris ou expédiés en contravention des lois applicables à la région du Canada ou des États-Unis où lesdits oiseaux, nids ou œufs ont été capturés, tués, pris ou expédiés.

Méthodes et matériel de chasse

Art. 15   (1) Sous réserve des paragraphes (4) et (5), il est interdit de chasser un oiseau migrateur considéré comme gibier

b)   au moyen ou à l'aide d'oiseaux vivants;

c)   au moyen ou à l'aide d'enregistrements d'appels d'oiseaux.

(4) Un résident des territoires du Nord-Ouest qui n'est pas requis d'être titulaire d'un permis de chasse aux oiseaux migrateurs considérés comme gibier peut, dans ces territoires, chasser les oiseaux migrateurs considérés comme gibier au moyen

a) d'un fusil de chasse chargé d'une seule balle; ou

b) d'une carabine d'un calibre d'au plus 0.22 pouces.

(5) Un résident de la province de Québec qui n'est pas tenu d'être titulaire d'un permis de chasse aux oiseaux migrateurs considérés comme gibier peut, dans la partie de la province située au nord du 50e parallèle de latitude nord, chasser un oiseau migrateur considéré comme gibier au moyen

a) d'un fusil de chasse d'une seule balle; ou

b) d'une carabine d'un calibre d'au plus 0.22 pouces.

Récupération d'oiseaux

Art. 16 (1) Quiconque tue, estropie ou blesse un oiseau migrateur considéré comme gibier, doit

a) prendre immédiatement tout moyen raisonnable pour récupérer l'oiseau; et

b) s'il réussit à récupérer l'oiseau vivant, le tuer sur le champ et le compter dans son maximum de prises de la journée.

Permis délivrés à des fins scientifiques

Art. 19 (1) Nonobstant le paragraphe 5(3), le titulaire d'un permis scientifique peut, à des fins scientifiques ou éducatives;

    a) tuer un oiseau migrateur;

    b) prendre un oiseau migrateur, son nid ou ses œufs; ou

    c) baguer un oiseau migrateur;

sous réserve des conditions énumérées sur le permis.

(2) Un permis scientifique ne peut être délivré à une personne ou au représentant d'un musée, d'une université, d'une association scientifique ou d'un gouvernement que si la demande de permis est accompagnée de la recommandation écrite d'au moins deux ornithologues compétents.

(3) Le titulaire d'un permis scientifique doit

    a) dans les 30 jours de l'expiration du permis, présenter au ministre un rapport écrit indiquant le nombre d'oiseaux de chaque espèce, de leurs nids et de leurs œufs, qu'il a pris ou détruits;

    b) au cours de la période de validité du permis, inscrire dans un registre, sur-le-champ, le nombre exact d'oiseaux de chaque espèce ou le nombre de leurs œufs et nids, pris ou détruits; et

    c) fournir tous les autres renseignements que peut exiger le ministre.

Permis d'aviculture

Art. 20 (1) Il est interdit

a) d'acheter, de vendre, de garder ou de transporter des oiseaux migrateurs vivants ou leurs œufs, à des fins d'aviculture, sauf en vertu d'un permis d'aviculture délivré par le ministre; et

b) sous réserve du paragraphe (2), de tuer des oiseaux migrateurs qui sont achetés, vendus, gardés ou transportés en vertu d'un permis d'aviculture.

(2) Le titulaire d'un permis d'aviculture peut tuer les oiseaux migrateurs qu'il possède en vertu de son permis d'aviculture, de n'importe quelle façon, sauf en les tirant, pour les manger, lui ou d'autres personnes, mais non pour les vendre ou pour toute autre fin.

(3) Le titulaire d'un permis dont il est fait mention au paragraphe (1) doit

a) tenir des registres indiquant exactement en tout temps:

(i) le nombre et l'espèce des oiseaux migrateurs qu'il a en sa possession,

(ii) le nombre et l'espèce des œufs d'oiseaux migrateurs qu'il a en sa possession, et

(iii) le détail de tout échange, vente, prêt ou don d'oiseaux migrateurs, de parties d'oiseaux migrateurs ou d'œufs d'oiseaux migrateurs, y compris le nom, les prénoms et l'adresse complète et le numéro du permis de la personne récipiendaire ; et

b) au plus tard le 31 janvier qui suit la fin de chaque année civile au cours de laquelle il détenait un permis mentionné au paragraphe (1), présenter au Ministre, à l'égard de l'année civile pour laquelle le permis a été délivré, un rapport écrit donnant :

(i) le nombre d'oiseaux de chaque espèce élevés au cours de l'année civile en question,

(ii) le nombre d'oiseaux migrateurs de chaque espèce qu'il a tués au cours de l'année civile,

(iii) le nombre d'oiseaux migrateurs vivants de chaque espèce et le nombre d'œufs de chaque espèce qu'il a vendus au cours de l'année civile, ainsi que les nom et prénoms, l'adresse au complet et le numéro de permis de chaque personne à qui il les a vendus,

(iv) le nombre d'oiseaux migrateurs vivants de chaque espèce et le nombre d'œufs de chaque espèce qu'il a achetés au cours de l'année civile, ainsi que les nom et prénoms, l'adresse au complet et le numéro de permis de chaque personne dont il les a achetés,

(v) le nombre d'oiseaux migrateurs vivants de chaque espèce et le nombre d'œufs de chaque espèce qu'il a donnés gratuitement au cours de l'année civile, ainsi que les nom et prénoms, l'adresse au complet et le numéro de permis de chaque personne à qui il les a donnés,

(vi) le nombre d'oiseaux migrateurs vivants de chaque espèce et d'œufs de chaque espèce qu'il a en sa possession à la fin de l'année civile, et

(vii) tous les autres renseignements que peut exiger le ministre.

(4) Il est interdit de relâcher un oiseau migrateur gardé en captivité en vertu d'un permis d'aviculture à moins d'en avoir reçu l'autorisation du ministre.

Permis de commerce d'édredon

Art. 32 (1) Le ministre peut délivrer à toute personne qui possède ou loue un terrain comportant une aire de couvaison de l'eider ou qui a l'autorisation écrite du propriétaire ou du locataire d'un tel terrain, un permis l'autorisant à y recueillir de l'édredon qu'il peut ensuite avoir en sa possession, vendre ou transporter.

(2) Sous réserve du paragraphe 5(9) et de l'article 38, il n'est pas nécessaire d'être titulaire d'un permis pour recueillir ou posséder de l'édredon dans les régions visées par les conventions mentionnées à l'article 38.

(3)   Le titulaire d'un permis délivré en vertu du paragraphe (1) et quiconque est assujetti au paragraphe (2) doit laisser dans chaque nid une quantité d'édredon suffisante pour protéger les œufs contre les prédateurs et le froid ambiant.

Pollution

Art. 35 (1) Sous réserve du paragraphe (2), il est interdit de déposer ou de permettre que soient déposés du pétrole, des résidus de pétrole ou d'autres substances nocives pour les oiseaux migrateurs dans des eaux ou une région fréquentées par ces oiseaux.

(2)   Le paragraphe (1) ne s'applique pas au dépôt d'une substance de la sorte, de la quantité et dans les conditions autorisées par

a) les règlements légalement établis par le gouverneur en conseil dans les eaux où s'appliquent ces règlements; ou

b) le ministre, à des fins scientifiques.

Règlement sur les refuges d'oiseaux migrateurs (Canada)

C.R.C. 1978, c. 1036

adopté en vertu de la *Loi sur la Convention concernant les Oiseaux migrateurs.*

Interprétation

Art. 2 (1) Dans le présent règlement,

« chasser » signifie pourchasser, poursuivre, harceler, suivre un oiseau migrateur ou suivre la piste, le traquer, se mettre à l'affût en vue de le prendre, le piéger, tenter de le piéger ou le tirer, que l'oiseau soit ou non capturé, abattu ou blessé, à l'instant même ou plus tard; (*hunt*)

« nid » désigne le nid d'un oiseau migrateur ou une partie de ce nid; (*nest*)

« œufs » désigne des œufs d'oiseaux migrateurs, y compris les parties de ces œufs; (*eggs*)

« oiseaux migrateurs » désigne des oiseaux migrateurs considérés comme gibier, des oiseaux insectivores migrateurs et des oiseaux migrateurs non considérés comme gibier; (*migratory birds*)

Refuges d'oiseaux migrateurs

Art. 3   (1) Les zones décrites à l'annexe sont établies comme refuges d'oiseaux migrateurs.

(2)   Dans un refuge d'oiseaux migrateurs, il est interdit

a) de chasser des oiseaux migrateurs;

b) de déranger, de détruire ou de prendre des nids d'oiseaux migrateurs; ou

c) d'avoir en sa possession un oiseau migrateur vivant, ou le cadavre, la peau, le nid ou l'œuf d'un oiseau migrateur;

si ce n'est en vertu d'un permis délivré à cette fin.

(3)   Nonobstant l'alinéa (1)c), une personne qui réside ou qui est domiciliée dans un refuge d'oiseaux migrateurs peut avoir en sa possession des oiseaux migrateurs considérés comme gibier, tués légalement à l'extérieur d'un refuge d'oiseaux migrateurs.

Art. 4   (1) Dans un refuge d'oiseaux migrateurs, il est interdit d'avoir en sa possession

a) une arme à feu; ou

b) un engin de chasse, si ce n'est prévu au présent règlement.

(2)   Le paragraphe (1) ne s'applique pas aux personnes qui résident ou qui sont domiciliées dans un refuge d'oiseaux migrateurs, lorsque ces personnes sont dans leur maison ou qu'elles transportent une arme à feu

ou un engin de chasse à leur maison, ou de cette dernière.

Art. 5 (1) Il est interdit à tout propriétaire de chien ou de chat de laisser son chien ou son chat circuler librement dans un refuge d'oiseaux migrateurs.

(2) Un garde-chasse peut supprimer tout chien ou chat pris à pourchasser ou à molester des oiseaux migrateurs dans un refuge d'oiseaux migrateurs.

Art. 10 (1) Dans un refuge d'oiseaux migrateurs, il est interdit d'exercer une activité nuisible aux oiseaux migrateurs, à leurs œufs, à leurs nids ou à leur habitat, si ce n'est en vertu d'un permis.

Loi sur les pêches (Canada)

L.R.C. (1985), ch. F-14

CHASSE AU PHOQUE

Art. 10 Zones d'exploitation du phoque

Pendant la saison de la chasse au phoque, il est interdit — avec un bateau ou de quelque manière que ce soit — de délibérément troubler une zone d'exploitation du phoque ou chercher à empêcher les troupeaux de phoques d'y entrer, ou de volontairement les effrayer.

PÊCHE AU SAUMON

Art. 12 Alevins, tacons et saumoneaux

Il est interdit de pêcher ou de tuer des alevins, des tacons et des saumoneaux de salmonidés.

Art. 16 Pêche dans les zones de frai

Dans les provinces de Québec, de la Nouvelle-Écosse, du Nouveau-Brunswick et de l'Île-du-Prince-Édouard, il est défendu de prendre ou tuer du saumon autrement qu'à la pêche à la ligne, à moins de deux cents verges de l'embouchure du confluent des cours d'eau se jetant dans des rivières ou ruisseaux où le saumon fraye.

Art. 18 Licence d'exploitation de parcs à homards ou de viviers

(1) Il est interdit, sans une licence délivrée par le ministre, de garder dans un parc ou un

vivier des homards, légalement pris pendant la saison de pêche, pour vente sur les lieux pendant la période d'interdiction ou pour exportation. De même, il est interdit de sortir des homards d'un parc ou d'un vivier et de s'en départir sur les lieux pendant la période d'interdiction sans un certificat d'un agent des pêches ou d'un garde-pêche mentionnant le parc ou le vivier d'origine des homards et attestant qu'ils ont été capturés légalement durant la saison de pêche.

ACTIVITÉS PROHIBÉES PENDANT LA PÉRIODE D'INTERDICTION

Art. 19 **Règle générale**

Il est interdit, sans pouvoir faire la preuve d'une excuse légitime, de pêcher, d'acheter, de vendre ou d'avoir en sa possession du poisson en un lieu où, à ce moment, sa pêche est interdite par la loi.

Art. 27 **Interdictions à l'égard des échelles à poissons**

Il est interdit:

a) d'endommager ou d'obstruer une échelle à poissons ou passe migratoire construite ou utilisée pour permettre au poisson de franchir ou contourner un obstacle;

b) de tenter de gêner ou d'arrêter le poisson afin de l'empêcher soit d'entrer ou de passer dans l'échelle ou la passe, soit de surmonter un obstacle ou de sauter;

c) de pêcher à moins de vingt-cinq verges en aval de l'entrée inférieure de toute échelle à poissons ou passe migratoire, de tout obstacle ou espace à sauter.

Art. 28   Interdiction d'utiliser des explosifs

Il est interdit de tuer du poisson, ou de chasser des animaux marins autres que le marsouin, la baleine, le morse, l'otarie et le phoque à poil, au moyen de fusées, d'explosifs ou d'obus ou projectiles explosifs.

Art. 29   (1) Filets, etc. obstruant le passage du poisson

Il est interdit de construire, d'utiliser ou de mouiller dans les eaux de pêche canadiennes, qu'elles fassent ou non l'objet d'un droit de pêche exclusif, un filet ou autre dispositif qui obstrue indûment le passage du poisson.

(2)   Enlèvement

Le ministre ou un agent des pêches peut enlever ou faire enlever tout filet ou autre dispositif qui, à son avis, obstrue indûment le passage du poisson.

Art. 32   Destruction de poissons

Sauf autorisation émanant du ministre ou prévue par les règlements pris par le gouverneur en conseil en application de la présente loi, il est interdit de causer la mort de poissons par d'autres moyens que la pêche.

Art. 32 **Destruction de poissons**

Sauf autorisation émanant du ministre ou prévue par les règlements pris par le gouverneur en conseil en application de la présente loi, il est interdit de causer la mort de poissons par d'autres moyens que la pêche.

Art. 33 **Senne coulissante**

Il est interdit, sans permis délivré par le ministre aux termes de la présente loi, ou d'une autre loi fédérale, et de ses règlements, d'utiliser une senne coulissante dans les eaux de pêche canadiennes pour la capture du saumon, de la sardine, du hareng, de l'éperlan, du maquereau et de la goberge.

PROTECTION DE L'HABITAT DES POISSONS ET PRÉVENTION DE LA POLLUTION

Art. 34 (1) **Définitions**

Les définitions qui suivent s'appliquent aux articles 35 à 43.

« eaux où vivent des poissons » "waters..."

« eaux où vivent des poissons » Les eaux de pêche canadiennes.

« habitat du poisson » "fish..."

« habitat du poisson » Frayères, aires d'alevinage, de croissance et d'alimentation et routes migratoires dont dépend, directement ou indirectement, la survie des poissons.

« immersion » ou « rejet »
"deposit"

« immersion » ou « rejet » Le versement, le déversement, l'écoulement, le suintement, l'arrosage, l'épandage, la vaporisation, l'évacuation, l'émission, le vidage, le jet, la décharge ou le dépôt.

« substance nocive »
"deleterious..."

« substance nocive »

a) Toute substance qui, si elle était ajoutée à l'eau, altérerait ou contribuerait à altérer la qualité de celle-ci au point de la rendre nocive, ou susceptible de le devenir, pour le poisson ou son habitat, ou encore de rendre nocive l'utilisation par l'homme du poisson qui y vit;

b) toute eau qui contient une substance en une quantité ou concentration telle — ou qui, à partir de son état naturel, a été traitée ou transformée par la chaleur ou d'autres moyens d'une façon telle — que, si elle était ajoutée à une autre eau, elle altérerait ou contribuerait à altérer la qualité de celle-ci au point de la rendre nocive, ou susceptible de le devenir, pour le poisson ou son habitat, ou encore de rendre nocive l'utilisation par l'homme du poisson qui y vit.

La présente définition vise notamment les substances ou catégories de substances désignées en application de l'alinéa (2)a), l'eau contenant une substance ou une catégorie de substances en quantités ou concentrations égales ou supérieures à celles fixées en vertu de l'alinéa (2)b) et l'eau qui a subi un traitement ou une transformation désignés en application de l'alinéa (2)c).

Art. 35 (1) **Détérioration de l'habitat du poisson, etc.**

Il est interdit d'exploiter des ouvrages ou entreprises entraînant la détérioration, la destruction ou la perturbation de l'habitat du poisson.

(2) **Exception**

Le paragraphe (1) ne s'applique pas aux personnes qui détériorent, détruisent ou perturbent l'habitat du poisson avec des moyens ou dans des circonstances autorisés par le ministre ou conformes aux règlements pris par le gouverneur en conseil en application de la présente loi.

Art. 36 (1) **Interdiction de rejet**

Il est interdit de:

a) jeter par-dessus bord du lest, des cendres de charbon, des pierres ou d'autres substances nocives dans une rivière, un port, une rade, ou dans des eaux où se pratique la pêche;

b) laisser ou déposer ou faire jeter, laisser ou déposer sur la rive, la grève ou le bord de quelque cours ou nappe d'eau, ou sur la grève entre les laisses de haute et de basse mer, des déchets ou issues de poissons ou d'animaux marins;

c) laisser du poisson gâté ou en putréfaction dans un filet ou autre engin de pêche.

(2)   **Déchets**

Les déchets ou issues de poissons peuvent être enterrés sur la grève, au-delà de la laisse de haute mer.

(3)   **Dépôt de substances nocives prohibé**

Sous réserve du paragraphe (4), il est interdit d'immerger ou de rejeter une substance nocive — ou d'en permettre l'immersion ou le rejet — dans des eaux où vivent des poissons, ou en quelque autre lieu si le risque existe que la substance ou toute autre substance nocive provenant de son immersion ou rejet pénètre dans ces eaux.

Règlement sur la protection des phoques (Canada)

C.R.C. 1978, c. 833

adopté en vertu de la *Loi sur les pêches*.

Art. 16   Il est interdit de crocher, de commencer à écorcher, de saigner, d'entailler ou de couper un phoque avec un couteau ou un autre instrument avant que le phoque ne soit mort.

Règlement sur la protection du bélouga (Canada)

DORS/80-376, (1980) 114 Gaz. Can., Partie II, 1944

adopté en vertu de la *Loi sur les pêches.*

Interdictions diverses

Art. 8   Il est interdit de déranger volontairement un bélouga.

Art. 9   Il est interdit à quiconque a tué ou blessé un bélouga

a) de l'abandonner ou de le rejeter;

b) de ne pas faire d'effort raisonnable pour le repérer et le rapporter; ou

c) de gaspiller toute partie du bélouga qui peut être consommée.

Règlement sur la protection des morses (Canada)

DORS/80-338, (1980) 114 Gaz. Can., Partie II, 1860

adopté en vertu de la *Loi sur les pêches*.

Interdictions diverses

Art. 8   Il est interdit de déranger délibérément les morses.

Art. 9   Il est interdit à quiconque a tué ou blessé un morse

    a) de l'abandonner ou de le jeter;

    b) de ne pas faire d'efforts raisonnables pour le repérer; ou

    c) de gaspiller des parties du morse propres à l'alimentation.

Règlement sur la protection des narvals (Canada)

C.R.C. 1978, c. 820

adopté en vertu de la *Loi sur les pêches*.

Interprétation

Art. 2   Dans le présent règlement,

« baleineau » désigne un narval immature de couleur pâle et de moins de 6 pieds de longueur, mesuré de l'extrémité de la mâchoire supérieure à l'encoche entre les pointes de la queue ; (*calf*)

« narval » désigne un cétacé (*Monodon monoceros*) de la famille des dauphins, qui vit dans les mers arctiques et comprend le corps et les défenses de l'animal ; (*narwhal*)

Capture ou abattage de narvals

Art. 3   Il est interdit à quiconque

a) sous réserve de l'alinéa b), de capturer, d'abattre, de poursuivre ou de molester ou de contribuer à la capture, à l'abattage, à la poursuite ou à la molestation d'un narval, sans qu'il lui ait été délivré une étiquette ;

b) de capturer, d'abattre, de poursuivre ou de molester ou de contribuer à la capture, à l'abattage, à la poursuite ou à la molestation d'un baleineau ou d'une femelle accompagnée d'un baleineau ; ou

c) de se servir d'un fusil pour capturer ou abattre un narval, à moins que le fusil ne soit d'un calibre de plus de 0.22 dont l'énergie à la bouche est d'au moins 1,500 pieds livres.

Art. 4 Il est interdit à quiconque a blessé, abattu ou capturé un narval

a) d'abandonner ou de rejeter le narval;

b) de ne pas faire un effort raisonnable pour rapporter le narval; ou

c) de gaspiller toute partie comestible du narval.

Loi sur les sociétés préventives de cruauté envers les animaux (Québec)

L.R.Q., c. S-32

Art. 1 Formation de société Dix personnes ou plus domiciliées dans l'un des districts électoraux du Québec, désirant former une société pour aider à la mise en vigueur des lois du Canada ou du Québec concernant la cruauté envers les animaux, peuvent se constituer en corporation de la manière suivante:

Consentement municipal 1° En obtenant à cette fin le consentement et l'autorisation du conseil municipal du comté, ou de la cité, ou des cités et des villes comprenant ou formant le district électoral où l'on se propose de constituer cette société;

Déclaration 2° En signant une déclaration en triplicata faisant connaître le nom de la société projetée, ses fins, ainsi que l'endroit où sera situé son siège social;

Production à la Cour 3° En déposant l'un des triplicata de cette déclaration et le certificat d'approbation du conseil municipal, au bureau du protonotaire de la Cour supérieure du district dans lequel l'association doit être établie, et un autre chez l'inspecteur général des institutions financières.

Certificat Le protonotaire doit remettre à toute société de ce genre un certificat en double attestant que cette déclaration a été faite.

Enregistrement Un de ces certificats en double doit être déposé au bureau de la division d'enregistrement dans laquelle se trouve cette société, et l'autre doit être envoyé sans retard à l'inspecteur général des institutions financières.

Honoraires Le protonotaire a droit à un honoraire de cinquante centins pour le certificat qu'il donne, et le registrateur à un honoraire d'un dollar pour le dépôt et le certificat donné en vertu de la présente loi.

Art. 2 **Corporation** Dès que les formalités exigées par l'article 1 ont été remplies, les personnes demandant la constitution en corporation, et toutes autres personnes qui pourront par la suite devenir membres de la société, constituent une corporation sous le nom de: «La société préventive de cruauté envers les animaux, du district électoral de........».

Renseignements pratiques

Consulter les règlements de la municipalité s'il y a lieu.

Animaux trouvés ou perdus:

Bestiaux:	aviser la police
Autres animaux:	aviser la police ou la société de protection des animaux la plus rapprochée
Constatations de cruauté:	aviser la police ou la société de protection des animaux la plus rapprochée Montréal: SPCA 735-2711 Québec: SPA — 527-9104 Société québécoise pour la défense des animaux Inc.: (514) 932-4260
Constatations de braconnage ou autre délit concernant la faune	ZENITH 60-270
Cas de morsures:	consulter le vétérinaire ou le médecin le plus rapproché et faire rapport à la police

Pour obtenir des textes de lois et règlements du Québec:

(à Montréal)
Wilson et Lafleur Ltée
40, rue Notre-Dame Est
H2Y 1B9
(514) 875-6326

L'Éditeur officiel du Québec
Place Desjardins
Tour du Nord
(514) 873-6101
(pas de commandes postales)

(à Québec)
l'Éditeur officiel du Québec
1283 boul. Charest ouest
(418) 643-5150
(pas de commandes postales)

VOIR: PÊCHE-QUÉBEC — résumé des règlements et renseignements divers — Ministère du Loisir, Chasse et Pêche.

Pour commander: C.P. 22000 — Québec G1K 7X2

VOIR: CHASSE QUÉBEC — résumé des règlements et renseignements divers:

Pour commander:
Ministère du Loisir, Chasse et Pêche
C.P. 22000
QUÉBEC, Qué. G1K 7X2

Pour obtenir tout autre renseignement veuillez vous adresser à la
Direction des communications,
150, boul. Saint-Cyrille Est
Québec (Québec)
G1R 4Y1
Tél.: (418) 643-3127

Pour obtenir des textes de lois et règlements fédéraux

(à Montréal)
Wilson et Lafleur Ltée
adresse ci-dessus

Informations:
Publications Canada
(514) 283-6168

(à Québec)
Librairie Garneau
47 rue Buade
Québec G1R 4A2
(418) 692-4262

Consulter aussi les bibliothèques des universités.

Certains libraires peuvent commander des lois et règlements fédéraux.

Pour commander les publications en vente

On peut se procurer toutes ces publications au SCF en s'adressant au

Centre d'édition
Ministère des Approvisionnements
et Services
Ottawa (Ontario)
K1A 0S9

Pour commander les publications gratuites

Pour toutes les publications du SCF diffusées gratuitement, veuillez vous adresser à la

Section de la distribution
Service canadien de la faune
Ministère de l'Environnement
Ottawa (Ontario)
K1A 0H3

INDEX
(les chiffres renvoient aux pages)

— A —

— I —

— N —

— O —

– P –

— W —

WAGON   20